无　字
史　记

基因里
隐藏的
祖先秘史

波音
著

中信出版集团 | 北京

图书在版编目（CIP）数据

无字史记 / 波音著 . -- 北京：中信出版社，
2021.9（2024.6重印）
ISBN 978-7-5217-3425-6

Ⅰ . ①无… Ⅱ . ①波… Ⅲ . ①中国历史—通俗读物
Ⅳ . ① K209

中国版本图书馆 CIP 数据核字（2021）第 162225 号

无字史记
著者：　　波音
出版发行：中信出版集团股份有限公司
（北京市朝阳区东三环北路 27 号嘉铭中心　邮编　100020）
承印者：　北京通州皇家印刷厂

开本：880mm × 1230mm　1/32　　　　印张：9.25　　　　字数：175 千字
版次：2021 年 9 月第 1 版　　　　　印次：2024 年 6 月第 3 次印刷
书号：ISBN 978-7-5217-3425-6
定价：49.00 元

目录

第二章
万里征程——智人如何来到中国

第三章
北粟南稻——华夏农民的田园晨曲

第四章
草原之路——激发东亚文明的传输宽带

序　言

基因知道答案

周口店北京人是不是我们的直系祖先？

如果非洲现代智人是中国人的祖先，那为什么我们的肤色不是黑色？

哪些驯化的动植物是土生土长的，哪些又是外来的？它们给我们的祖先带来了什么影响？

中国的各个族群是如何诞生的？他们在中华大地上是如何迁徙的？

世界各地的族群与中国人有亲缘关系吗？

基因知道以上这些问题的答案。

历史学家有一个烦恼，越回溯过往，能够找到的史料就越少，就越难揭示历史的真实面貌。这个烦恼同样折磨着考古学家，他们面对没有文字材料出土的考古遗址时，经常感到困惑，这个遗址到底对应史书中记载的哪个族群、哪个城镇呢？相比前两者，古人类学家更容易发出“我太难了”的哀叹，因为他们面对的是文字还没有被创制出来的史前时代，不论是远古化石还是石器，都不会有只言片语留下。

偏偏对人类历史来说，很多影响深远的事件，都是在有文字记载之前发生的。例如，古人类数百万年间进化与迁徙的历史，几乎都隐藏在无言无字的迷雾之中，只能依靠凤毛麟角的遗物略窥一二。人类主要的农作物、家禽家畜的驯化，航海技术、制陶技术、冶金技术、建筑技术的发明，都是在文字发明前很久就诞生了，很多时候，后人只能在传说故事中胡乱写上一个名字，作为这些技术的发明人，不能当真。

再往后，即使进入了文字时代，海量的信息仍然没有被记录下来，或者虽然被记录下来了，但是在几千年的历史长河中遗失了，“焚书坑儒”即是典型事例。更有甚者，并不是每一个古代记录者在写作的时候都能够认真负责。有些古人出于某些目的，甚至故意篡改和伪造历史，比如成王败寇，赞美胜利者，贬低失败者。

除了真伪难辨的文献资料和沉默不语的考古证据，我们就没有办法触摸更多的历史真实了吗？

20 世纪 80 年代以来，科学领域上演了一场神奇的跨界大戏，分子生物学闯入了原本属于古人类学、历史学与考古学的领域，以古今人类和动植物基因为样本，通过基因分析与比较，揭示了过去常规研究方法无法涉足的历史真相，尤其是提供了史前时代古人类迁徙历史的细节。

基因为什么能够揭示历史？分子生物学家是如何做到的？

简要地说，生物基因在不同代之间既有遗传，也有少量的变异。通过基因比较，可以得知不同人、不同人群之间的遗传关系是近还是远，两者的共同祖先大概出现在什么年代。这样，同一时代的不同人群之间就建立了联系，不同时代的古代人群与现代人群之间也建立了联系。

比如，人类的Y染色体上的基因是父系遗传的，一代代的父亲传递给自己的儿子；一种细胞器（线粒体）上的基因是母系遗传的，一代代的母亲传递给自己的女儿。因此，通过比较Y染色体，我们知道同一时代不同男性之间的亲疏远近，从而知道古代男性与现代男性之间的遗传关系，进而推测历史上男性群体的迁徙过程。母系遗传的线粒体基因也有类似的规律。再进一步，由于许多动植物的驯化和传播是与特定的古代人群及其迁徙挂钩的，因此对驯化动植物基因的研究，也能够揭示大量的人类历史信息，特别是关于古代农业、畜牧业、游牧业的信息。

就这样，分子生物学涉足了历史学，分子生物学家变成了历史学家。

在笔者读大学的时候，老师曾经说，当“文革”结束后下放劳动的老一辈地质学家回到学校时，发现地质学的理论世界已完全变了，板块构造学说重构了整个地质学理论体系。也正是在笔者上大学的20世纪90年代，人类单一起源的“走出非洲说”进入大学课堂，以基因研究为基础的人类起源与迁徙的新学说震撼了古生物学、考古学和历史学界。

分子生物学的“跨界打击”，对于史前历史乃至整个人类文明史领域是一次重塑，其影响不亚于板块构造学说对于地质学的影响。过去学者对于古人类骨骼的对比研究、对于石器的对比研究、对于陶器的对比研究所产生的成果，虽然也非常有价值，但很多成果需要在分子生物学视角下重新检验、重新诠释。很多过去的研究成果依然可能被证明是有效的、准确的，但也会有相当多的研究成果已经或将要被证明是错误的。

在古代史书和考古遗址之外，分子生物学家又翻开了一本“无字史记”，并把上面的基因密码翻译出来，使我们对人类历史有了新的认识，对于祖先的起源、进化、迁徙和日常生活有了更多了解。

除了基因研究，微量元素和同位素分析也实现了“跨界”，这些新的科学手段在人文学科中已经得到了广泛的应用，并取得了很多新发现。人类和动植物在活着的时候，会从环境、食物中吸收特定的元素，从而在死后的骨骼、牙齿、茎秆上留下元素信息。通过这些信息，科学家能够推测他们 / 它们过去生活时代的环境、所吃的食物或吸收的营养成分，这些都是历史。

运用基因、元素这些高科技手段研究古人类、考古、历史最大的好处，可能就在于它们的真实性。史书是古人写就的，那些内容可能会因有人随意取舍、记忆有误或者心存故意而偏离历史真实，但基因、元素的研究是科学，以客观而非主观的科学事实和科学数据得出结论。科学还可以检验，用重复性的操作来检验前人的研究成果是否准确、正确，从而降低了人为造假的可能与危害。

经过几十年的摸索，以分子生物学为代表的高科技手段正在成为人文学科中的“高精尖武器”，并积累了大量的成果。关于我们祖先的“无字史记”的解读内容已经足够丰富，上面记载了关于祖先的物种起源、族群迁徙、生产生活乃至文化脉络的大量生动故事。

现在，就让我们翻开这本“无字史记”，阅读有关祖先的新鲜历史，展开一次以基因为导航的寻根之旅吧。

第一章

神州苦旅

东亚直立人的百万年

1929年，初冬的龙骨山一片萧瑟，百草枯萎，树叶凋零。小山丘上，一些人正在奋力挖掘着，似乎在寻找什么宝贝。

他们是当时的中国地质调查所、北京协和医学院派出的考古队，正在北京房山周口店地区寻找第四纪地层中的古生物化石，而且，考古队的负责人还心存一丝希望，“要是能找到古人类的化石，就太轰动了”。

突然，考古队队员在挖掘时找到了一个小洞，洞口十分狭窄，仅容一人出入。当时现场的负责人是考古学家裴文中，他进入洞中一看，里面竟然有许多动物化石。裴文中看出，这些化石的科研价值很高，于是带领大家在寒风中继续挖掘。12月2日下午4点，天色渐暗，但考古队点起蜡烛奋力挖掘。就在这时，裴文中兴奋地叫了起来：“是猿人！”大家围拢过来一看，果然地面上露出了一个猿人的头盖骨的一部分。

没有人愿意停下来，大家连夜挖掘，直到挖出这个猿人头盖骨。这一夜，考古队的所有队员都在激动中度过。第二天一早，裴文中就派人把发现猿人头骨的喜讯报告给北京城内的地质调查所。几天之后，裴文中用自己的被褥小心地包裹着猿人头骨，坐着汽车把它护送到了城里。

消息很快通过电报传遍了世界，中国北京地区发现了古人类头骨化石！

“他 / 她会是我们中国人的祖先吗？”

当魏敦瑞遇到北京人时

当时的考古队能够在周口店发现古人类头骨，其实绝非偶然。

中国人经常把古代动物的遗骨作为药材出售，早就吸引了许多研究古动物和古人类的国外专家，这些专家发现“龙骨”中有一些是珍贵的动物化石。1921 年，瑞典和美国科学家来到中国周口店，寻找史前动物化石。他们在当地采石场人员的指引下来到龙骨山，并在山上地层中发现了一些石英片，形状独特的石英片显然并不是天然形成的，而应该是经过了人类的敲打的。这个发现十分重大，科学家断言，这里一定有原始人类生存过。然后，他们在龙骨山挖掘出了一些动物化石，带回瑞典的一所大学研究，并在 1926 年宣布，这些化石中有两颗原始人类的臼齿。

这个消息让考古工作负责人之一、当时任职于北京协和医学院的加拿大解剖学家步达生很兴奋，他把那两颗牙齿所代表的人类命名为“中国猿人北京种”。科学界与公众把这种古人类简称为“北京人”。很快又有学者发现，北京人化石和早年间在印度尼西亚发现的爪哇人化石非常相似，于是将两者归入一个大类，命名为“人属直立人”。直立人阶段是古人类演化过程中一个漫长而重要的阶段。

但是，学术界普遍来说还是持谨慎态度，仅凭周口店发现的几颗牙齿就定出一个重要的古人类新种，证据似乎不够充分。于是步达生拉来了美国洛克菲勒基金的资助款，成立了考古队开赴周口店龙骨山。运气降临了，令世人震惊的北京人头骨就这样被发现了。

自 1929 年发现北京人的第一具头盖骨之后，裴文中的助手、古人类学家贾兰坡继续在周口店的挖掘工作，在 1936 年 11 月连续发现了 3 具北京人头盖骨。周口店地区经过多次考古挖掘，前后共出土北京猿人头盖骨 6 具、头骨碎片 12 件、下颌骨 15 件、牙齿 157 颗及断裂的股骨等，分属 40 多个男女老幼个体。考古学者同时发现 10 万件石器材料，以及用火的证据，如灰烬层、烧石、烧骨等。

然而，就在对北京人的研究工作刚刚展开之时，步达生却“出师未捷身先死”，这位“北京人”的命名者患有心脏病，于 1934 年 3 月猝然病逝于实验室中。据说，他趴伏的桌子上，正好摆放着北京人和山顶洞人的头骨。

这也许算是北京人研究中的第一次“劫难”。

1935年春，应洛克菲勒基金会之邀，德籍犹太科学家魏敦瑞风尘仆仆赶到了北京，他将接替步达生，开启北京人化石的研究之旅。魏敦瑞早年曾在德国多所著名大学担任解剖学教授，但是因为其犹太人身份，他感受到来自德国纳粹越来越强烈的威胁，便于1934年前往美国芝加哥大学，刚好与洛克菲勒基金会接洽上了。基金会正在寻找一位能够接替步达生的学者，而魏敦瑞的专长在于通过骨骼解剖学揭示灵长类动物的进化过程，他是非常合适的人选。就这样，魏敦瑞与北京人化石的缘分结下了。

魏敦瑞对北京人化石的下颌骨、牙齿、头骨等进行了系列研究，提出了许多石破天惊的观点，包括他认为北京人可能存在“人吃人”的现象。目前看来，魏敦瑞对于北京人化石最大的贡献，可能莫过于他对北京人化石“留了一手”。1941年的世界战云密布，太平洋战争一触即发。魏敦瑞意识到情况危急，于是在返回美国之前，他让助手赶制了北京人头骨模型。此后的故事大家就知道了，北京人头骨化石原件在转运过程中神秘失踪了，幸亏保留下来了头骨模型，才让对北京人的研究能够继续进行下去。

1941年，魏敦瑞回到美国后，在美国自然历史博物馆继续研究人类进化问题，他研究了包括周口店北京人、印度尼西亚爪哇人在内的多种古人类化石，提出从早期人类到现代人类的进化过程中，人类经历了两足行走、脑容量增大和面部缩小等重要变化的观点。

那么，我们，中国的现代人类，会不会是从周口店北京人逐步进化而来的呢？或者简单地问，北京人是不是我们的祖先？

魏敦瑞给出的答案是：是的。

1943年，魏敦瑞提出，现代中国人是北京猿人的后代，因为北京人头盖骨有很多与现代东亚人相似的特征，比如平脸、高颧骨和铲形门齿等。三年后，他出版了《猿、巨人和人》一书，把这个思想扩展到全球范围，提出了人类起源的"多中心假说"。

他提出，现在的人类并不都是来自同一个源头，原本生活在世界各地的古人类各自独立进化，变成了现在的不同族群。人类的演化具有地域性，可以分成澳大利亚区、蒙古区、非洲区和欧洲区。其中，有一支是"巨人系统"，从远古巨人依次演化为爪哇猿人、梭罗人、瓦贾克人，最后成为澳大利亚原住民，这一支古人类的演化是单向的，与其他地区的古人类演化无关。还有一支是中国猿人，从周口店古人类化石分析，它的头骨显示了一系列蒙古人种早期原始的特征，因此周口店发现的中国猿人应该是蒙古人种的祖先，而现代中国人是属于蒙古人种的。另外，在欧洲发现的古人类——尼安德特人，应该是当今欧洲人的祖先；如果非洲出土了古人类化石，他们应该就是非洲人的祖先。

同时魏敦瑞还认为，在古人类的早期演化过程中，会有人种混杂的可能，所以中国猿人的特征，也可能出现在现今其他人种身上。

魏敦瑞的巨人假说早已被证明是错误的。不过他对于周口店北京人的进化猜测——多中心假说，几乎就是现今一部分古人类学家提出并坚持的“连续进化附带杂交”假说的翻版。

受到魏敦瑞学说的影响，20世纪60年代，美国体质人类学家卡尔顿·库恩在自己的著作《种族的起源》一书中，更加系统地提出了“多地区起源”假说。这个假说认为，地球上所有的现代人可以分为5个种族，分别是高加索人种（欧洲白人）、蒙古人种（黄种人）、澳大利亚人种（大洋洲原住民）、尼格罗人种（非洲黑人）和开普人种（非洲科伊桑人），它们是分别进化而来的，彼此间只有很少的基因交流。由于进化速度并不一样，因此各个种族文明程度有所不同。

当时，在非洲已经出土了非常古老的人类化石，库恩对此的解释是，非洲大陆很可能是人类的发源地，但那里只是人类的“幼儿园”，欧亚大陆才是人类的“学校”。人类的祖先很早就从非洲大陆走了出来，然后分别进化成了现在的5个种族。他借用欧洲人使用的多杈烛台的形状，对自己的假说做了比喻——5个种族好比是5根烛托，它们虽然共用一个基座，但很快就从根部开始分支了，各自进化成了现代人类。所以，多地区起源假说也被称为“烛台理论”。

库恩的假说里包含了种族歧视的味道，因此一问世就遭到了人们的强烈批评。不过，他关于人类起源与进化的一些科学观点，还是受到了很多学者的重视甚至赞同。

此后，以中国学者为代表的一批古人类学家进一步发扬了魏敦瑞、库恩的科学观点，提出了连续进化附带杂交假说。

简单来说，连续进化附带杂交假说就是在库恩的“烛台”的每支蜡烛之间，又加上了很多横向的连接线，表示不同人种之间存在着或多或少的基因交流。魏敦瑞和库恩所提出的“各地古人类分别进化为现代人类”的观点，得到了这部分学者的肯定和坚持。他们认为，东亚的现代人是从东亚的远古人类进化而来的，欧洲和西亚的现代人是从欧洲和西亚的远古人类进化而来的，非洲的现代人则是从非洲的远古人类进化而来的……我们可以通俗地称呼这批学者为“化石派”。

自从周口店北京人被发现以来，世界各地发现了很多古人类化石，以及古人类使用的各式各样的石器。化石派从这些发现中找到了若干关键性的证据来支持自己的观点。其中最有分量的证据，莫过于铲形门齿和石器演化了。

什么是铲形门齿呢？

现在，请用你的舌头舔一舔两颗上门牙的口腔内侧面。你有没有感觉到自己的门牙两侧有略突出的棱？当你的舌头在两颗上门牙内侧左右滑动的时候，是不是感觉走过了一条 m 字形的路线？

如果你的回答是肯定的，那么你就拥有铲形门齿，即你的上门牙像两侧卷起、中间平坦的铲子。

据统计，现代中国人中有 80%~90% 的人具有铲形门齿，这种牙齿特征在东亚现代人和印第安人中比例非常高；现代欧洲人中只有 10% 的人具有铲形门齿，在现代非洲人中这一比例则是 15% 左右。令人惊奇的是，有学者搜集了中国古代墓葬出土的古人牙齿信息，发现除了新疆地区出土的牙齿外，中国其他地区的古人上门牙全都是铲形门齿。

更加令人惊奇的是，古人类学家发现，在中国发现的各个时期的古人类化石，只要是保存下来的上门牙，它们毫无例外地都是铲形门齿。不论是号称有 170 万年历史的云南元谋人，还是距今 70 万年前的周口店北京人，抑或是几万年前的河套人，都具有相同类型的上门牙。

一位支持多地区起源假说的学者感慨说："我真的想不出中国的生活环境中有哪个因素会让所有生活在这里的人都必须有铲形门齿，非铲形门齿的人就很难生存下去，只能被淘汰。"因此，铲形门齿的特征似乎只能是通过中国的古人类一代代遗传，最终遗传给我们现代中国人。也就是说，中国古人类经过漫长的进化过程，变成了现代中国人。

化石派的另一个重要证据来自古人类制作和使用的石器类型。

追忆往昔，远古人类刚刚与其他猿类分道扬镳，成为一个新的物种的时候，他们的技术水平并不比那些黑猩猩邻居强太多。他们能够制作的工具，仅限于粗浅地利用石头和木头制作而成的工具。

距今 330 万年前，在今东非肯尼亚境内，古人类打造出了最早的石制品，那只是一些简单的石核和石片，能够用于砍和砸，使得他们的狩猎采集活动和食物加工活动变得更加有效率。这就是古人类石器时代开始时的状态。古人类学家把这个时期的石器技术叫作第一模式，或者按照专业术语，叫作奥杜威技术。

第一模式经历了漫长的100多万年的发展，到距今170万年前，东非的古人类终于有了重大的技术革新，他们的石器制作技术略微精湛了一些，能够打造出很多种类的石器，特别是一种两面对称、外形修长、一端尖锐而另一端宽厚的手斧，握在手中，简直是“居家旅行、杀人越货”的必备武器。当然，那时候古人类的手斧主要用于狩猎野兽，而不是自相残杀。按照专业的说法，这个时期属于第二模式，古人类所拥有的技术叫作阿舍利技术。

又是漫长的100多万年之后，到距今50万年前，古人类再次厚积薄发，制作出了更为先进的石器，其中一种典型的石器形式是棱柱状的石核，实用且便于携带。关于这些石器的最早诞生地是哪里，学界还存在争议，大概出现在南非、东非或亚洲西部地区，这就是第三模式，这种技术的专业说法叫石叶技术。

总结上述几百万年的石器技术发展历史，我们看到在东非及其周边，石器技术革新不断。那么，在漫长的史前时代，东亚地区的石器发展如何呢？

说来有点儿惭愧，东亚的石器似乎早在距今170万年前就出现了，那个时期当然是第一模式石器的天下。但是，当东非那边依次出现第二模式和第三模式时，东亚这边的古人类依然慢条斯理地摆弄着自己第一模式的砍砸器。古人类学家做过一次石器统计，发现直到距今6万年前，中国境内几乎还没有第三模式的踪迹。纵观旧石器时代或者说打制石器的时代，包含中国在内的东亚地区似乎孑然独立于东方，自从距今170万年前第一模式的石器输入进来后，石器技术就一直独立发展，如此漫长的时期几乎不与西方世界发生技术交流。

石器技术是由古人类创造、继承和发展的，那么东亚石器技术的孑然独立，对于古人类意味着什么呢？

化石派学者认为，这意味着东亚古人类是独立进化的，几乎不与或者偶尔与世界其他地区的古人类发生杂交。那些从距今100多万年前起就挥舞着石器砍砸动植物的东亚古人类，应该就是我们现代东亚人的祖先。

有了牙齿和石器演化的证据支持，再辅之以其他一些证据，化石派的观点似乎是板上钉钉的事实了。

“线粒体夏娃”和“Y染色体亚当”

然而，正如今天互联网时代的人们经常说的那句话——“打败你的不是对手，而是跨界”，撼动化石派观点的力量，并不是来自古人类学界，不是来自新的牙齿证据或者新的石器证据，而是来自一个意想不到的领域——分子生物学。

1987 年 1 月，美国一位女博士生丽贝卡·卡恩和她的同事们在英国权威科技期刊《自然》上发表了一篇论文《线粒体 DNA（脱氧核糖核酸）和人类进化》。论文的主要观点是：人类起源地只有一个，这个起源地很可能在非洲，起源时间在距今 20 万年以内。今天所有的现代人都来自一个共同的女性祖先。

在当时，这是一个石破天惊的发现，是分子生物学界对古人类学界的一次颠覆性的“跨界打击”。如果这篇论文的观点是对的，那么古人类学家关于人类起源与进化的整个理论体系都得重新改写。

让我们先来看看这场“跨界打击”在科学上是如何发生的。

从分子生物学看，人体大约包含 100 万亿个细胞，每个细胞里都含有一种叫作线粒体的细胞器，它位于细胞核外的细胞液中。我们吃进肚子里的营养物质，比如糖类、脂肪等，最终是在线粒体中被氧化，释放出能量，供人体细胞使用的。简单地说，线粒体就是我们人体细胞的“能量工厂”。

从中学课本中我们学习到，人体的遗传物质位于细胞核里的染色体上，大量的基因排列在染色体的双螺旋结构上。其实，线粒体中也含有少量的遗传物质——线粒体 DNA。而且我们还知道，一个人类生命的诞生，首先是从父亲的精子与母亲的卵细胞结合开启的。换句话说，线粒体这种细胞器来自母亲的卵细胞，而不是来自父亲的精子（其实父亲的精子里也含有少量的线粒体 DNA，但是在受精过程中“舍身取义”，被分解掉了）。因此，线粒体 DNA 是孩子从自己的母亲一方继承下来的。于是，分子生物学家可以通过比较人们的线粒体 DNA，分析人们之间母亲一系的亲疏远近，进而追溯人们母亲一系的祖先情况。

论文作者丽贝卡·卡恩从世界各地不同人群的人体胎盘中搜集了 147 份线粒体 DNA 样本。之所以选择人体胎盘提取材料，是因为胎盘里含有丰富的线粒体 DNA。丽贝卡·卡恩发现，通过所有样本的线粒体 DNA 追溯其所有者的母亲，最后都汇聚到唯一的一位女性祖先那里，不论现在拥有线粒体 DNA 的人居住在世界的哪一个角落，他们都是这位女性祖先的后代。

当时的媒体借用《圣经》中最早的人类女性夏娃的名字，把这位女性祖先叫作“线粒体夏娃”。关于这位线粒体夏娃，丽贝卡·卡恩从遗传物质里读出了很多信息。

比如，线粒体夏娃生活在地球的哪个角落？

如果我们向水池里丢下一块石头，荡起的涟漪会一圈一圈地向周围扩散。即使我们没有看到石头在哪儿落水，我们也能够根据水池涟漪的形状，判断石头落水的位置在这些涟漪的圆心。判断线粒体夏娃的生活地点，与通过涟漪判断石头落水位置的原理是类似的。

展开点儿说，人类的基因在每一代向下遗传的过程中，偶尔会发生基因突变，使后代与祖先的基因略有不同。从原理上说，后代与祖先间隔的辈分越多，基因突变所导致的遗传差别就越大。如果我们假定远古时期每一代人类的寿命差不多长，那么可以粗略地认为，后代距离祖先的时间越久，积累起来的遗传差别就越大，最外圈的“涟漪”与最中央的“涟漪”的遗传差别最大。

线粒体 DNA 的遗传过程就是如此。一代代母亲把自己的线粒体 DNA 传给孩子，这个过程中也会发生基因突变，于是后代就具有了各自的基因多样性。根据现代人群各自的基因多样性的比较，分子生物学家不仅可以判断现代人群之间的亲疏远近，还可以回溯他们的女性祖先的生活地点和生活时间。

丽贝卡·卡恩发现，现代人群的基因多样性并不是一样的，非洲现代人的基因多样性最丰富，亚洲现代人和欧洲现代人次之，美洲现代人的基因多样性最少。这个现象不仅可以让她判断不同现代人群之间的亲疏远近，还让她了解到，现代人群具有一个共同的女性祖先，这位祖先的生活地点，就在基因多样性最丰富的那个人群生活的地方——非洲大陆。引发层层涟漪的那块石头（女性祖先），最初是落在非洲的。

那么，这位全人类共同的老祖母——线粒体夏娃，生活在什么年代呢？

在揭晓答案前，读者们不妨猜一猜，老祖母生活在距今 500 万年前、距今 100 万年前、距今 50 万年前还是距今 10 万年前？哪一个数据最接近事实呢？

人体的基因突变虽然很罕见，但从长期来看，突变发生的速率基本上是固定的。每一代人与上一代人相比，平均有 30 个左右的基因会发生突变。线粒体 DNA 的基因数量远比细胞核里染色体上的基因数量要少。只要我们知道了基因突变发生的速率，然后估计出每一代人与上一代人的年龄差，就可以计算出那位线粒体夏娃生活的时间。

丽贝卡·卡恩在论文中估计的线粒体夏娃生活的时间是距今 14 万年前。

我们今天所有现代人都是距今 14 万年前生活在非洲的一位女性祖先的后代。

别误会，这并不是说距今 14 万年前地球上只有一位女性人类生活着，当时一定还有很多女性生活在地球上，是我们这位线粒体夏娃的“闺蜜”，只是很遗憾，这些闺蜜的女性后代都没能延续到今天。

打个比方。假设在 1 400 年前的唐朝都城长安附近有个小村庄，里面住着 10 户人家，每家都有自己独特的羊肉泡馍配方，而且配方传女不传男，掌握在每家主妇的头脑中，由母亲通过口头的方式传给女儿。在这 1 400 年的漫长岁月中，某些家庭在某一代也许只生了儿子，没有生女儿，于是这些家庭的羊肉泡馍配方就彻底失传了。最后只剩下一家不仅代代有女孩出生，她们还一直保留着祖先的羊肉泡馍配方。即使这些女孩出嫁，也会带着自家的羊肉泡馍配方，并传授给自己的女儿。当然，由于个人口味不同，或者原材料发生变化，某些代的女人也许会对配方略做改动，不同代的主妇锅里的羊肉泡馍味道可能会不太一样，不过她们可以保证，锅里面都是羊肉泡馍，而且保留了最原始的配方的一些成分。

线粒体夏娃，就是生活在1 400年前的唐朝小村庄里掌握着配方的那位主妇；羊肉泡馍的配方，就像是线粒体DNA；配方的改动之处，就像是基因突变之处。

“夏娃”已经找到了，我们还能找到“亚当”——现代人类共同的男性祖先吗？

能，只是稍微有点儿难。中学课本告诉我们，人的性别是由性染色体决定的，女人的性染色体是两条X染色体，而男人的性染色体是一条X染色体和一条Y染色体的组合。人体内的线粒体DNA是“传女不传男”的，而Y染色体的基因恰好是“传男不传女”的。因此，要追踪全体现代人的共同男性祖先，就要从Y染色体上的基因入手。不过，Y染色体上所含有的遗传物质比线粒体里所含有的遗传物质庞大很多，分析里面的基因更加困难，尤其是在20世纪的生物科技条件下。

于是直到2000年，也就是在线粒体夏娃被发现13年后，科学家才找到了“Y染色体亚当”。与线粒体夏娃一样，这位现代人类的共同男性祖先也生活在非洲大陆，而且他与非洲的一个族群——科伊桑人的基因最接近，这说明他曾经生活在科伊桑人的一个远古的群体中，时间是大约6万年前。

与线粒体夏娃的情况类似，Y染色体亚当生活的时代，也有很多其他男性“哥们儿”生活着，只是这些哥们儿都没能留下男性后代到今天。

现在，我们该回到周口店北京人的话题上了。根据以上分子生物学的发现，人们会得到一个重量级的推论：周口店北京人并不是现代中国人的祖先。

此话怎讲？因为周口店北京人的生活时代太久远了，远比线粒体夏娃和 Y 染色体亚当更加古老。

为了获得周口店北京人的年代数据，科学家最初从地层和地层里含有的古生物化石入手。观察一下野外山间或河边的陡崖，我们会发现，岩石和土壤都是层层叠叠的。这是因为不同层的岩土是在不同时期形成并沉积下来的。一个地质学里的一般规律是，年代久远的地层会被埋在下面，年代较近的地层会分布在上面。这在地质学上叫作“地层层序律”。不同地质历史时期生活着不同种类的动植物，它们死后就会与同时代的岩土共同形成地层。一般来说，古老的动植物遗骸会分布在古老的地层里，而较新的动植物遗骸会分布在较新的地层里。这个规律叫作“化石层序律”。这两个规律是判断一种生物（包括古人类）生活年代的重要手段。

20 世纪 70 年代末，科学家仔细研究了周口店北京人遗址的地层分布，以及地层里包含的生物化石。在周口店北京人生活的时代和区域，还生活着各种各样的古生物，比如很古老的剑齿虎、中国貉、周口店犀、三门马、居氏大河狸，不太古老的纳玛古菱齿象、燕山犀、肿骨鹿、洞熊、中国鬣狗，以及较新的物种如狼、褐熊和许多小型啮齿类动物等。根据这些信息，科学家判断，周口店北京人生活的时期在距今 50 万—40

万年前。

到21世纪，科学家有了更加先进的测年手段，他们可以用化学上的同位素含量来测年。所谓同位素，是指原子核里质子数相同而中子数不同的元素互为同位素。例如，氧元素有氧16、氧17和氧18三种同位素，数字代表了所含有的中子数。有些同位素有放射性，在动物死亡后，体内的某些同位素会稳定地转变成其他同位素。于是，科学家可以根据死亡动物遗骸中的同位素比例来推算动物生活的年代。

科学家采集了周口店北京人遗址里的岩石和石器样品，经过反复测定同位素，得出结论：周口店北京人最早生活的年代在距今77万年前，数据误差8万年。距今70多万年前，地球正好处于一个相对寒冷的时期，因此人们对周口店北京人对寒冷环境的适应能力以及他们人工取火的能力有了更高的评价。

在周口店北京人遗址中发现的最晚的古人类活动痕迹，是在距今23万年前制造的。也就是说，从那个时代往后，周口店北京人就从周口店永远地消失了。

周口店北京人生活在距今77万—23万年前，而现代人的共同女性祖先生活在距今14万年前，共同男性祖先生活在距今6万年前，他们之间没有时间交集。根据这些年代数据，周口店北京人就不可能是我们现代人的祖先，他们的后代没能存活到今天。

分子生物学的人类进化观点被称为走出非洲假说，它挑战了多地区起源假说和后续的连续进化附带杂交假说，我们可以把支持前者的学者们称为“基因派”，他们与化石派在人类进化上孰是孰非呢？

不同领域的科学家还在唇枪舌剑。分子生物学家要想真正驳倒那些坚持多地区起源假说或连续进化附带杂交假说的古人类学家，就必须对后者提出的证据做出自己的合理解释，特别是对于铲形门齿和石器演化这样的关键证据。反之，坚持多地区起源假说或连续进化附带杂交假说的古人类学家要想驳倒分子生物学家，也要对后者的 DNA 研究结论提出不同的解释。

本书的宗旨是从基因的角度来揭示中华文明的历史，探寻我们的祖先和他们的隐秘故事，因此本书将重点介绍分子生物学对于化石派假说证据的反驳。在反驳之前，我们需要先了解一下古人类几百万年进化的主要阶段，这样才能知道两派科学家争论的到底是哪个阶段的人类进化。

最初的古人类是南方古猿，他们是从非洲大陆上古老的森林古猿进化而来的，出现的时间在距今 700 万—500 万年前。南方古猿的脑容量为 500 毫升左右，骨骼特点显示，他们开始笨拙地站立起身体，两足行走，这是科学家区分人类和其他猿类的最重要特征。在那个时代的非洲，可能生活着几种类型的南方古猿，他们中的一种是人类的直系祖先。

到距今 300 万—250 万年前，一种脑容量达到 800 毫升左右的“新”古人类出现了，由于他们能够制作和使用最早的石器，因此被命名为“能人”。最有名的能人化石是“露西”，这是一具成年女性的骨骼，于 1974 年出土于埃塞俄比亚。古人类学家以当时披头士的一首流行歌曲的歌词将她命名为“露西”。我们在前文中提到的古人类制作的第一模式的石器，很可能就是由能人首先发明、制作的。

随着古人类石器加工技术的日趋精细，高能量的动物性食物在食谱中的比重增大，距今约 200 万年前，能人进化为直立人。

直立人虽然是能人的后裔，但两者的脑容量和身体的尺寸差距颇大。和能人相比，有些直立人的脑容量大了 50%，身高也高出将近 30 厘米。依靠两只脚，直立人能够奔跑，当一群直立人集体出动时，他们甚至可以猎取大型动物。到直立人阶段，古人类终于可以长途远行，走出自己徘徊了几百万年的故乡——非洲大陆了。他们也的确在诞生后不久就出现在了临近的亚洲西部。换句话说，除了非洲大陆外，任何其他大陆都没有早于距今 200 万年前的古人类踪迹，有的只是远古猿类和猴类。

非洲境外年代最早的直立人遗址位于格鲁吉亚，这种直立人被命名为“格鲁吉亚人”，属于早期直立人，和能人身高相仿，均为 150 厘米左右，脑容量却比多数能人更大，他们生活的时代为距今约 180 万年前。必须指出的是，格鲁吉亚人可能是目前发现的最早会使用火的古人类。

当 70 多万年前直立人的一支终于跋山涉水来到周口店时，他们其实已经处于直立人进化的晚期阶段，脑容量增加到了 1 100 毫升左右（现代人的脑容量平均为 1 350 毫升）。周口店一带背靠峰峦迭起的西山山脉，面临广阔肥沃的华北平原，又有周口店河从山脚下汩汩淌过，地理条件非常优越，这一切吸引他们停止了前行的脚步，留恋于此。这一停，就是几十万年。

对于直立人是第一批走出非洲、走入东亚的古人类的说法，不论是化石派还是基因派都是认可的，两派科学家对于这一点没有分歧。

人类进化的脚步并未停止，距今 30 万—20 万年前，古人类发生了一场影响深远的重大变革——他们的脑容量急剧增加，智力突然发达起来，直立人开始进化为智人。“智人”，就是“有智力的人”。智人远比他们的祖先聪明，他们制作工具的技能更高超，语言的交流更丰富，也能沟通复杂的意念与表现复杂的行为形态。他们已经有能力更多地猎取动物。现代人就属于智人之列，你、我都是智人。

智人是由直立人进化而来的，对于这一点，两派科学家也没有分歧。他们的分歧在于：不同地区的智人到底是由非洲直立人进化并扩张而来的（见图 1–1），还是分别从本地区的直立人进化而来的（见图 1–2）？

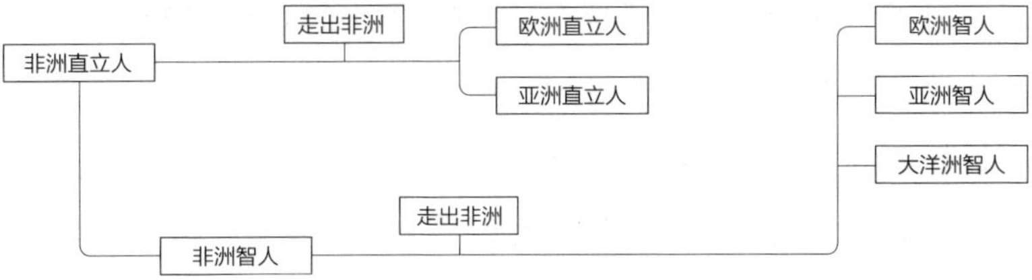

图 1–1　走出非洲假说

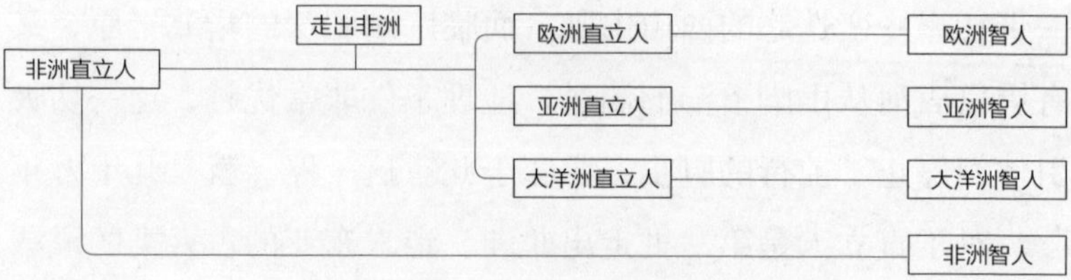

图 1-2　多地区起源假说

门齿、石器与“邻人遗斧”

基因派认为，世界各地所有的智人都源自非洲直立人进化出的那类智人，而不是各地直立人分别进化出来的。东亚的现代人并不是周口店北京人进化而来的，而是来自遥远的非洲大陆。那么，基因派又该如何解释不同时期的东亚古人类都具有铲形门齿这个不利于自己观点的现象呢？

解铃还须系铃人，关于铲形门齿的来龙去脉，我们要回到魏敦瑞的时代，甚至要追溯到魏敦瑞的前辈学者、德国博物学家恩斯特·海克尔。

海克尔是达尔文进化论在德国的主要推广者，但他一直不认同达尔文的人类非洲起源说，坚信东南亚的红毛猩猩才是和人最相似的灵长类动物，因此认为出产红毛猩猩的亚洲才是人类的摇篮。其实在那个时代，已经有人解剖了亚洲红毛猩猩和非洲黑猩猩，发现后者的身体结构才最像人类。但海克尔固执己见，这完全是由于他被自己的宗教情怀和政治倾向冲昏了头脑。

在海克尔时代的德国，种族主义思潮盛行，一些德国学者创造出了“雅利安民族”这个概念，他们认为雅利安民族起源于印度北部，是非常高贵的民族，很早以前征服了欧洲，德国的日耳曼民族就是雅利安民族的后代。于是很自然地，优越感“爆棚”的海克尔等德国博物学家认为，人类的起源地应该在亚洲，而不是在其他地方。他构想了一个“幽灵洲”，认为人类起源于这块大陆，但是后来这块大陆沉入了印度洋底，所以最初的古人类化石很难找寻了。

在海克尔的号召下，很多人动身前往亚洲寻找古人类化石。荷兰东印度公司的一位医生对海克尔的假说很痴迷，他利用自己被派到印度尼西亚的机会，组织队伍寻找古人类化石。结果运气很好，1891 年他真的在印度尼西亚爪哇岛上发现了古人类的头盖骨和腿骨，这就是“爪哇人”。这下子，海克尔更加声名鹊起了。

魏敦瑞是一位德国犹太人，他显然不会喜欢种族主义的那套说法，但是在科学上，他还是受到了以海克尔为代表的德国学术界的深刻影响，他一开始也觉得亚洲才是人类的起源地。带着这样的思维观念，当他来到北京，面对周口店北京人化石时，潜意识中认为这就是现代中国人的古人类祖先，便开始寻找化石与现代中国人之间的联系。在已经知道铲形门齿是东亚人群标志性特征的前提下，魏敦瑞顺水推舟地把周口店北京人的牙齿也鉴定为铲形门齿。

显然，魏敦瑞陷入了一种思维误区，打一个不那么恰当的比方，他犯了中国古书《列子》所载的邻人遗斧一样的错误。

在那个故事中，一个人遗失了自己的斧子，怀疑是邻居家的儿子偷的。他觉得那个孩子，不论是言谈举止还是行为神态，怎么看都像是偷斧子的人。不久，他在山谷里发现了自己丢失的斧子，回来再看那个孩子，怎么看都不像是偷斧子的人。前后判若两人，不是那个孩子有什么变化，而是这个丢斧子的人心理有了变化。魏敦瑞对周口店北京人的鉴定，很可能出于这种心理。

其实，只要是人类的上门牙，其功能都是撕咬和切割食物，所有的上门牙都会有相似之处。邻人遗斧的思维偏见，误导魏敦瑞把周口店北京人的上门牙鉴定为铲形门齿。

海克尔和魏敦瑞这种“跑偏了”的思维，甚至影响了学者对于此后发现的中国古人类化石的鉴定，比如在云南发现的元谋人化石。

1965 年，地质学家在云南元谋一处地层中发现了一些哺乳动物化石和两颗古人类牙齿。1973 年，古人类学家对牙齿进行鉴定并发表论文，在论文中，两颗牙齿被认定为左右上门牙，“牙齿像铲子形状，硕大，扁平”，与周口店北京人的门牙有相似之处，也有不同之处。

根据这两颗牙齿，元谋人被定为直立人，再根据埋藏地层的情况，元谋人被定为距今 170 万年前的古人类。与中国境内发现的其他古人类的年代相比，元谋人是最古老的，因此它荣耀地进入中小学教科书中，为广大中国人所熟知。

但是，科学界对此结论存在争议，绝不像教科书上写的那么“板上钉钉”。首先，关于元谋人的年代就充满了争议。

云南地区降雨量大，地层疏松，两颗牙齿的出土地层形成的年代和元谋人当年生活的时代未必一致，牙齿很可能发生移位。中国一位研究黄土的权威院士曾经利用地磁学技术测定元谋人地层的年代，认为在距今 60 万—50 万年前。这个数据得到了很多学者的认同。如前所述，直立人大概在距今 200 万年前诞生于非洲大陆，亚洲西部的直立人最早代表——格鲁吉亚人生活在距今 180 万年前。云南不仅离非洲很遥远，而且自然环境与早期直立人生存环境差异很大，很难想象直立人在非洲出现后不久，于约 10 万年后就迁移到东亚，并改变了生活习性。

其次，元谋人的牙齿也疑云重重。第一，用两颗牙齿就鉴定出一个古人类，在科学上证据显得很单薄，古人类学家对于头骨化石证据更加青睐。第二，说那两颗牙齿是铲形门齿，也十分勉强。如果观察论文图录中的牙齿图片，在没有铲形门齿概念的干扰下，普通人很难看出铲子形状，甚至很难看出那是两颗门牙。两颗牙齿更像是我们现代人的前臼齿形状。重要的是，两颗牙齿的舌内侧形状也与现代人的铲形门齿不一样，每颗牙齿的中部都有明显的纵向棱。

可惜，在邻人遗斧思维的误导下，元谋人的牙齿被一些学者认定为铲形门齿。进一步推论，既然距今 170 万年前的东亚古人类就具有了铲形门齿，那么东亚现代人是由元谋人、周口店北京人进化而来的，就顺理成章了。

我们还可以了解另一个有趣的牙齿鉴定故事。中国境内最早被鉴定的古人类化石是1922年发现的古人类的牙齿和四肢骨骼，由法国古人类学家发现，地点在内蒙古鄂尔多斯地区萨拉乌苏河畔，这种古人类被命名为“河套人”。对于河套人生活的年代，学者们曾经提出过距今5万—3万年前和距今14万—7万年前多种说法。从形状上看，河套人的上门牙是如假包换的铲形门齿，因此它也被视为化石派的证据之一。

然而进入21世纪后，当年采集的一段河套人股骨分别被送到美国和中国的年代实验室中进行高科技分析。利用最新的技术测定年代，两个实验室的测定结果一致，股骨年代为距今300—200年前。是的，我们没有少看几个零，那段股骨属于一个清朝人，而不是远古人类。另外一件在遗址发现的肢骨被送到了德国的年代实验室，测定的结果是距今2 700多年前，属于一个春秋时期的人。

所以，他们都属于东亚地区的现代人类，并不是古人类，他们当然会拥有铲形门齿。

总之，在基因派看来，中国境内那些早于智人阶段的古人类牙齿，都不属于铲形门齿，不能证明中国现代人是由那些古人类进化而来的。

那么，现代中国人为什么会具有世界其他人群所罕见的铲形门齿呢？还是要用基因来解释这个现象。

分子生物学家已经找到了人体内的一个突变基因，这个基因决定了我们的上门牙会长成铲形门齿。而且，他们还能够估算出这个基因最初发生突变的时间，大约是在距今 3 万年前，也就是智人阶段才出现的，智人之前的古人类如直立人并没有这种突变基因。

根据各地不同人群的基因比较，分子生物学家判断，这个基因突变发生的地点可能位于中国的中部地区。然后，携带这个基因的人群逐步扩散到东亚地区，中、日、韩等国人群的铲形门齿比例都非常高。随着古人类迁徙到美洲大陆，这种突变基因也被传播到了那里，因此印第安人群体中也有非常高的铲形门齿比例。

从进化论的原理上讲，一种基因能够在人群中得到广泛传播，最终成为某些人群中的高比例基因，往往意味着这种基因对于人群的生存和繁衍很有利，因此拥有这种基因的人会留下更多的后代。

可是，拥有铲形门齿能带给古人类多大的生存优势呢？显然，古人类不太可能因为牙齿好看就获得更多的交配机会，生育更多后代。那些东亚和美洲大陆之外的人群为什么就缺少这种突变基因和铲形门齿呢？

真正的原因是，这个突变基因除了能决定我们的上门牙长成铲形门齿外，还会让拥有者的汗腺、皮脂腺、乳腺增加。对，就是让拥有者变得更加“油腻”了。我们体内的很多基因都是多面手，一个基因可以决定人体的很多特征。

在今天的社会里，“油腻大叔”被人鄙视，但对几万年前的东亚古人类来说，新突变出来的基因有利于他们在炎热的环境里排汗降温，当时中国中部和南部地区的气候一度是很炎热的。因此，携带这种突变基因的人群在东亚拥有了生存优势，这种基因逐渐成为东亚人群中的优势基因，比例很高。当然，排汗降温说也只是猜测，科学家还没有完全定论。但他们能确定的是，这种突变基因一定给距今 3 万年前的东亚人群带来了明显的生存优势。

所以，铲形门齿其实并没有带来什么生存优势，当然也没有带来什么生存劣势。这种牙齿特征只是搭上了基因突变的“顺风车”，跟着有生存优势的特征翻山越岭，传宗接代。

对于化石派的另一个重要证据——东亚石器技术的演化是独立而且连续的，分子生物学家显然就无法用基因来反驳了，毕竟石器不是生物，它们没有基因。对于石器演化问题，那些古人类的石器就摆在那里，石器所显示的技术也摆在那里，人们对它们并无异议。但是，对于技术演化与人类进化的关系，其解释就仁者见仁、智者见智了。

两派的分歧之处在于，从东亚地区发现的直立人的石器到智人的石器，是不是有技术上的递进关系？如果有技术上的递进关系，是否就能证明，本地的直立人进化成了智人？

第一个问题又有点儿邻人遗斧的味道了。

对古人类来说，他们向远方迁移的时候，肯定不会携带大件的笨重石器，最多携带一些小件轻便石器，而且古人类迁移的过程是十分漫长的，往往要经历很多代，因此很自然地，迁移途中他们会失传一些石器制作技术，当然也会改进一些石器制作技术，使得世界各地的石器技术总会有所差别。对于位于欧亚大陆东端，与大陆其他地区有着高山高原、沙漠荒漠阻挡的东亚地区来说，地理阻隔很严重，石器技术相对独立地发展，与其他地区有着明显的差别，也是合情合理的。

另外，在古人类抵达新的环境并长期驻扎下来后，还要因地制宜，根据当地岩石情况以及食物类型，对原来的石器制作技术改弦更张，加工出适合在本地使用的石器。

不论是直立人还是智人，他们都要跋山涉水、远行万里来到东亚，然后面对类似的东亚环境，技术的失传与改进、技术的因地制宜改造，在每个时代都会发生。设想一下，就算是一开始远方的智人有着与东亚直立人差别很大的石器制作技术，在这批智人行遍千山万水抵达东亚后，他们的技术也已与出发点或者中途的技术不太一样了，甚至还有可能会因技术遗失太多而出现退化。选择不同的石器特征参数进行比较，人们会很容易发现这批智人的石器与本地直立人的石器有一些相似之处。但这是真的石器制作技术传承所导致的，还是邻人遗斧般的越看越像所导致的呢？

很难说。

至于第二个问题，基因派学者也挑明观点："在没有古基因证据的支持下，我们无法证明东亚直立人留下了后代。"

这真是一剑封喉的大招，而且很有道理——最终，我们只能通过基因对比，证明某个先辈与某个后辈有或者没有直接的亲缘关系。基因派已经拿出了基因证据，证明全球所有的现代人都是生活在非洲的线粒体夏娃和 Y 染色体亚当的后代，都是由距今约 20 万年前出现的非洲智人扩散和繁衍而来的，从而否定了亚洲直立人、欧洲直立人进化为现代智人的观点。化石派学者由石器制作技术递进判定本地直立人进化为智人，只不过是一种猜想而已。

于是，虽然关于东亚古人类进化还有争议，但世界范围内的学者更多地倾向于认为，东亚现代人并不是东亚直立人进化而来的，因此周口店北京人并不是我们的直系祖先，我们的直系祖先应该是从非洲远道而来的现代智人，如果继续上溯，应该是进化出现代智人的非洲直立人。

东亚版“塔岛技术悲剧”

现在，也许我们应该追问一句：“为什么周口店直立人没能留下后代到今天？”他们曾经在 50 万年的时间里断断续续地在龙骨山上的猿人洞中栖居，足以证明他们是适应本地环境的人群。为什么在距今 20 多万年前，他们永久地离开了龙骨山，无影无踪了呢?

魏敦瑞曾经提出一个猜想：他根据周口店北京人头骨的特征，认为这些直立人群体中存在着“人吃人”的习俗，类似于近代仍然存在的一些丛林食人族的习俗。有人根据他的这个猜想，引申出周口店北京人的灭绝可能与自相残杀有关。但是，学者们很早就否定了魏敦瑞的“人吃人”猜想，连带着也否定了周口店北京人因自相残杀而灭绝的说法。

一种流行的解释是，周口店北京人遭遇了严酷的冰期，御寒艰难，生存环境中食物匮乏，最终全部饥寒交迫而死。这个解释有点儿小瞧了周口店北京人的能力。

首先，他们在寒冷环境中生存的能力并不差。如前所述，龙骨山上最早出现古人类是在距今 70 多万年前，当时气候是比较寒冷的，英国《自然》杂志在介绍周口店北京人的生活年代的那期的封面上，特地印上了“北京人曾经很冷”的大标题。周口店北京人能够人工取火，而且长期生存在中国北方环境，本身就说明了其御寒能力是不错的。

其次，他们是有智商、有双腿的古人类，具有迁徙能力。几十万年中，东亚直立人时而扎根龙骨山，时而离开龙骨山。当周围环境变得不适合生存时，他们会集体迁徙。即使遇到非常严酷的大冰期，他们也可以转移到南方的温暖环境生活，等到冰川消退、气候回暖后，再向北发展。

所以，冰期很难把周口店北京人乃至东亚直立人一网打尽。正如一位古人类学家质疑的那样，冰期对世界各地气候的影响程度是不一样的，不至于把东亚直立人都灭绝了，“至少在中国的南部和中部地区不存在典型的冰川遗迹。再说了，生活在那里的大熊猫都挺过来了，人没有理由挺不过来”。

如果基因派的观点是对的，那么东亚直立人到底是如何被“团灭”的呢?

答案可能是，他们遭遇了塔岛（即塔斯马尼亚岛的简称）技术悲剧。

塔岛位于澳大利亚大陆东南方向，与大陆隔着200多千米宽的巴斯海峡相望，面积约有中国海南岛的两倍大。考古学家发现，在冰河时代，塔岛曾经与澳大利亚大陆由冰桥相连。在距今3.5万年前，古人类就来到了塔岛居住。直到距今1万年前，塔岛还一度与澳大利亚大陆相连，之后冰期结束，气候变暖，塔岛与大陆彻底分离，塔岛上的原住民就与世隔绝了，直到几百年前，欧洲航海家发现了他们。

当欧洲人第一次碰到塔岛原住民时，发现他们没有任何类型的骨制工具，比如针和钻；没有防寒的衣物；没有把手类工具；没有鱼钩、渔网、刺矛、回旋镖……几千个原住民分属9个部落，过着原始的狩猎和采集生活，他们用木棍和长矛猎杀海豹、海鸟与沙袋鼠为生。但是考古学家发现，第一批塔岛原住民曾经拥有过骨制工具及其制作技术，可是都逐渐遗弃了。比如在1万年中，他们的骨制工具变得越来越简单，到距今近4 000年前，他们再也制作不出来任何骨制工具了。没有骨制工具就不能把兽皮缝成衣物御寒。在几千年的时间里，哪怕是在凛冽的严冬，塔岛原住民也近乎赤裸，只在皮肤上涂些海豹油脂，在肩膀上搭层沙袋鼠皮。再如他们曾经大量捕鱼吃鱼，这项技术在3 000年前也遗失了，当欧洲人让他们吃鱼时，他们感到很恶心。

塔岛原住民也并非没有技术创新。4 000年前，他们鼓捣出了一种木筏，是用成捆的灌木制成的，要么由男人用桨划，要么由女人游泳推动。依靠这种木筏，他们可以到邻近的小岛去捕猎。然而这种木筏在海水中浸泡几个小时后就会解体沉没。所以，塔岛原住民无法渡过巴斯海峡，与大陆上的人群接洽。

万年之中，塔岛原住民经历了可怕的技术退化，这就是塔岛技术悲剧。悲剧产生的原因，在于人口规模与技术水平的相互限制。

从原理上讲，一个群体人口越多，掌握各种技术的人就越多，他们彼此之间交流，教学相长，技术的传承和创新就越容易，技术就越不易失传；反之，群体人口越少，技术就越容易失传。万年前被锁在孤岛上的塔岛原住民人口规模小，而且没有与外界的交流，他们无力维持原来的技术水平，只能眼睁睁地看着一项项技术消失。

实际上，直立人的境遇并不比塔岛原住民强多少。直立人阶段的古人类从事着较为原始的狩猎和采集活动，他们的群体规模也就在几十人到上百人。如果附近还有其他古人类群体，彼此能够交流，那么许多群体形成的交流网络能够帮助他们维持技术水平不降低；如果周边缺少其他古人类群体，该群体的技术水平就很难保持住，更不用说创新提高了。这就是直立人的石器制作技术革新十分缓慢的原因，在直立人近200万年的历史中，较为明显的石器制作技术进步只发生了四五次而已。

东亚直立人的境况更加糟糕。由于地理阻隔的原因，在距今 100 多万年前直立人幸运地闯进东亚后，他们就不幸地陷入了“东亚塔岛”里。东亚直立人就好像生活在更广阔的塔岛上，很难与其他地区的古人类进行技术交流，只能独立发展。东亚直立人一直沿用着最初带来的第一模式的石器制作技术，技术部分失传，也有一些创新，与东非、中东地区风起云涌的多次石器制作技术革新相比，东亚直立人的技术一直很粗陋。

技术的粗陋又反过来限制了群体规模，采集和加工食物的能力弱，就难以养活更多的人口，每个东亚直立人群体只能维持很小的规模，导致东亚的人口密度太小。群体规模小导致不同东亚直立人群体之间的交流变得很困难，又限制了技术的交流与发展。

就这样，东亚直立人长期陷入简陋的石器制作技术和弱小的群体规模构成的低层次生存状态中。可以设想，他们中的很多群体可能就自生自灭了，一次不大的严寒、洪灾或疾病就能够摧毁他们。古人类学家曾发现过一个现象，中国境内缺乏距今 10 万—4 万年前的古人类遗迹。这说明东亚直立人艰苦卓绝地生存了百万年后，到那个时期要么已经全都灭绝了，要么就只剩下微不足道的少量人群，连一点点遗迹都难以留下。

除了塔岛技术悲剧外，东亚直立人很可能还长期挣扎在功能性灭绝的边缘。所谓功能性灭绝，是指种群规模不足以维持繁衍。其原因之一是过度依赖近亲繁殖导致致病性基因遗传乃至暴发。

我们可以设想一下，对一个50人左右的直立人群体来说，男女各半，直立人的平均寿命不足30岁，因此同一时期整个群体中能够生育的男人和女人也就各有10个左右。如果这个直立人群体与外界没有基因交流，几代之内，群体内所有人必然都是很近很近的亲缘关系，近亲繁殖不可避免，个体基因趋于一致，致病性基因很容易就摧毁整个群体。要避免功能性灭绝，就必须长期保持群外婚，与其他群体广泛进行基因交流，从而避免近亲繁殖带来的致病性基因暴发。

就算是有少量的直立人苟延残喘活到了几万年前，然后突然之间，他们发现东亚大陆闯进来了新的人群——现代智人，面对人数众多、武器先进的现代智人一拨又一拨地掠过原野，一小撮直立人毫无竞争力，要么轻易地被消灭，要么因食物来源被智人抢占而走向衰亡。

打不过智人，难道直立人就不能加入智人吗？如果真有直立人融入智人的社会，那么他们也有机会把自己的基因遗传给今天的我们吧？

遗憾的是，这种可能性几乎为零。

东亚直立人与现代智人（以及他们的祖先非洲直立人）之间，至少在几十万年中是各自进化、没有杂交的。于是，两者之间产生了生物学家所说的生殖隔离。面对少量的直立人邻居，智人很可能根本就没有把他们当作人，而是当作另一种猴子、猩猩。这么说也许太歧视直立人了，其实反过来直立人也未必把智人当成人。几十万年的生殖隔离一方面会造成两者无法在身体上进行杂交，另一方面会在行为意识上牛头不对马嘴，彼此不认为对方是同类。

前面那位古人类学家说，“大熊猫都挺过来了，人没有理由挺不过来”。其实大熊猫能挺过来，从科学上讲是因为它们没有遇到一大批呼啸而来的“新熊族”。假如有一个新熊族群体规模更大、生存能力更强，与大熊猫争抢山岭生活环境，还不把大熊猫当成同类，大熊猫恐怕早就没有机会到今天卖萌了。大熊猫只是运气比直立人好一点儿。

好，让我们回到周口店北京人身上吧。在距今 23 万年前他们永远地离开了龙骨山后，他们的结局是怎样的？答案是，要么他们自生自灭了，要么苟延残喘到智人席卷东亚的时候，被智人消灭了。

东亚大地的祖先往事，将由从非洲而来的现代智人继续书写。

中国人自古以来就是尊重祖先的族群，所以周口店北京人和龙骨山承载了中国人对于祖先的深厚情感。周口店北京人遗址的发现、发掘与研究的最初几十年，正值国家、民族危亡之际，中华大地一步步沦陷敌手。从一定意义上说，周口店北京人的考古证据，成为那个时代维系族群微弱血脉、鼓舞全民浴血奋战的无与伦比的“圣物”。它们如同黑暗中的火光，照耀着苦苦抗争的人们的心灵，激发出巨大的精神力量。

早在周口店北京人化石发掘之前，学术界中有关现代智人起源地的争论就已然火热。在周口店北京人化石被发现之后的近百年，“周口店北京人是不是中国人的祖先”这个问题总会引发学术界与公众的广泛讨论。

其实，不论答案是什么，都丝毫不会改变我们对于周口店北京人的深厚情感，因为他们已经化身为中国人孜孜追求的科学真理之火，在北京人学术研究中坚持理性和科学的态度，将让中国人触摸到科学本质的光华，将让中国人享受科学发现的乐趣。

哪怕周口店北京人不是我们的直接祖先，我们仍然珍爱他们的一点一滴。

小贴士

北京人到底吃不吃人

魏敦瑞在 1943 年发表的专著《中国猿人之头骨》中，抛出了北京人“人吃人”的观点，他认为北京人“猎取他们自己的亲族正像他猎取其他动物一样，也用对待动物的同样方式来对待他的受害者”。

周口店北京人遗址中出土了一定数量的古人类头骨，但是出土的古人类肢骨相对少得可怜。魏敦瑞认为，这种现象显然不可能用水流冲走、食肉动物猎食等自然因素加以解释，也没有任何证据表明北京猿人有埋葬故去亲人头骨的习俗。因此，猿人洞中大量出现的北京人头骨，很可能就是远古“猎头族”的战利品。

此外，魏敦瑞还注意到，北京猿人的头骨化石中多见头盖部分，却几乎没有见到头骨底部与面部的骨骼，这与人类头骨的正常情况严重不符。与此同时，在北京猿人头盖骨以及为数不多的几件肢骨之上，魏敦瑞还发现了一些可能是远古人类取食脑髓或骨髓时所遗留下来的破损痕迹，北京猿人下颌骨的断裂特点，似乎也暗示着它们因遭受人力砍砸而发生了破碎。

总之，根据北京人化石的种种特征，魏敦瑞认定他们是非常残忍的“猎头族”。

他的观点引发了人们长久的争论，几十年中，中外多位古人类学家都曾提出过反对意见。到 1985 年，美国著名考古学家宾福德根据现代埋藏学的分析与研究，否认了北京人同类相食现象的存在。宾福德认为，魏敦瑞当年所谈到的众多支持北京猿人同类相食的证据，都可以用埋藏学的原理重新加以解释。

简单地说，北京人已在地下沉寂了数十万年，其间不免遭受各种自然力量的破坏和扰动。与埋藏前相比，北京人在被发现之时可能早已“面目全非”了。

宾福德列举了几个证据，以表明他的观点。周口店北京人遗址中人类肢骨上出现的纵向裂纹，并不是魏敦瑞所认为的受重击导致的，而是一种骨骼风化作用的产物；魏敦瑞当年辨识出的两件被火烧过的北京人骨骼，曾被视为支持同类相食的重要证据，其实它们只是土壤中的矿物污染导致的假象；猿人洞中的古人类下颌骨化石显示了一种奇特的“断裂”，魏敦瑞认为这是人力作用的结果，但是现代埋藏学的经验证明，这只是下颌骨的薄弱部分在压力作用下或移动过程中产生的常见现象；北京人的所有头骨都缺失面部和颅底，魏敦瑞认为这是北京人取食同类脑髓的结果，其实埋藏学的研究表明，这些部位的骨骼较为纤弱，在各种外力作用下极易破碎而缺失；魏敦瑞认为存在于北京人头骨上的大量擦痕、刻槽和凹陷，都是人工作用的产物，而从埋藏学角度看，头骨被埋藏后的自然过程，同样可以对人类头骨产生类似的改造……

此外，宾福德还发现其中一件北京人头骨上有食肉动物啃咬过的痕迹，从而说明至少食肉动物也可能是周口店北京人遗址中人类头骨的主要收集者之一。如果某些北京人曾经遭遇不测，他们可能并不是被残忍的同类杀害的，而是被周围凶猛的食肉动物猎杀的。

第二章

万里征程

智人如何来到中国

暗淡的残阳从东非的草原落下，天气变得越来越冷了。冷风吹来，首领不禁打了个寒战。即使作为部落之长，他身上覆盖的兽皮也和部落的其他成员一样少。值得安慰的是，今天部落的狩猎队打到了一只瘸腿的瞪羚，这就是今天晚上部落的肉食晚餐了。

坐在一块岩石上，他开始思索白天的狩猎。今天是幸运的，收获的猎物能让部落里的人吃顿饱饭。回忆这些年的时光，气候越来越寒冷，能够打到的动物越来越少，而部落的人口却还在增加。部落的未来该何去何从？

远处传来凶残鬣狗的嚎叫声，首领站起身来，该下决心了，为了部落的生存，他做出了一个重大的决定：整个部落离开草原故乡，向外地迁移，寻找食物丰富的新家园……

上面这一幕，也许就发生在距今 7 万年前的非洲，这个部落属于现代智人，分子生物学家口中的我们现代人的直接祖先。

智人部落并不知道，自己即将开启的生存迁移，会在全球掀起史诗般的几万年人口迁徙浪潮，他们的后代将走遍世界上几乎每一个角落，包括东亚。

走出非洲，一拨又一拨

在现代智人走出非洲之前，欧亚大陆上已经有不止一种古人类繁衍生息了。在追溯现代智人走出非洲并大肆扩张之前，我们先来了解一下欧亚大陆曾经的主人。

通过上一章我们已经知道，格鲁吉亚人是目前发现的非洲之外的最早人类，他们生活在距今 180 万年前的高加索山区一带。他们可能是第一批走出非洲的直立人，也是第一批走出非洲的古人类，在此之前，古人类只在非洲大陆内部徘徊。

直立人的历史长达百万年，他们可能曾多次走出非洲。早在 1907 年，考古学家就在德国海德堡地区发现了一种古人类下颌骨化石，这种古人类被命名为“海德堡人”。此后，在欧洲和非洲很多地方都发现了这种古人类的踪迹。现在人们已经知道，海德堡人大约在距今 70 万年前起源于非洲大陆，可以算是一种晚期直立人，也有人建议把他们单列出来，算作直立人和智人之间的阶段。本书仍然将其归入直立人之列。

海德堡人也是一类走出非洲的直立人，最晚在距今 50 万年前，一批海德堡人就已经冲出非洲，进入西亚，稍做停留后，这批远征军又西进前往欧洲。因此，当时地球上至少有两种海德堡人——非洲海德堡人和欧洲海德堡人。

本书的主题是探寻中国人祖先的历史，所以我们要重点关注一个问题：是否存在一支海德堡人向东进发，到达中国境内呢？如果存在，他们是不是我们的祖先呢？

海德堡人是出色的猎手，他们也许算是地球上第一种能够猎杀大型动物的古人类。在海德堡人遗址附近，考古学家发现了大量野鹿、野马、大象、河马和犀牛等动物的遗骸，上面有被屠杀的痕迹。在德国的一处海德堡人遗址中还出土了木制的长矛，与一些石器和十多具被屠宰的野马遗骸共同被发现。在西班牙的一处遗址中，人们发现了一柄精心制作的对称样式手斧，这说明海德堡人有出色的石器制作技术。

这些发现表明，海德堡人可能更乐于生活在大型动物众多的草原和丛林地区。如果海德堡人选择在亚洲生活，他们也许会选择亚洲北部地区，那里有绵延万里的草原和丛林，养育了一群群的大型野生动物，简直是海德堡人理想的“肉食连锁店”。

因此，科学家长期在中亚和东亚找不到海德堡人的踪迹，也就情有可原了。再考虑到海德堡人也使用手斧类石器，而在中国境内几乎没有发现手斧，我们似乎只好遗憾地宣布，海德堡人没有到过中国……

稍等，我们的结论不要下得太早。

2018 年，中国科学家在黑龙江境内找到了头骨化石，从特征上分析，很可能是海德堡人的头骨。考虑到海德堡人会沿着欧亚大陆广阔的草原带追逐着猎物一路向东，这个发现也许会证明，他们也曾来到过今日中国的境内，只是他们的活动范围太靠北方了，与同时期生活在中华大地的其他直立人没有什么交集。即使曾经有少量海德堡人抵达过黑龙江一带，他们的后代也不太可能扎根那里，并一直繁衍到今天。

“你的意思是说，海德堡人也不可能是中国人的祖先了？”

虽然周口店北京人曾经让寻根认祖的我们失望过一次，但这一回，海德堡人也许不会令我们失望，他真的可能是我们的祖先——的祖先！

要揭示海德堡人与现代人之间的联系，还是要靠分子生物学来帮忙。我们刚刚说到的发现手斧的西班牙遗址里，还出土了海德堡人的腿骨。科学家从腿骨上成功提取到了古老的DNA，经过基因破译发现，不出所料，这位海德堡人生活在距今四五十万年前。这是迄今为止通过基因破译的古人类年代数据的最高纪录。

海德堡人的基因还透露了更重要的信息。通过对海德堡人的线粒体 DNA 和全基因组的破译，科学家发现他们与另外两种古人类——尼安德特人和丹尼索瓦人的关系都比较近。

现在，我们要来认识一下这两位新来的“古人类同学”了。

尼安德特人也被称为“洞穴人”，因为最初发现的地点在德国尼安德特河谷的一个洞穴中，洞穴入口比地面高几米，内部大约只有 5 米长、3 米宽，洞顶很高。1856 年，采石场的矿工在里面找到了一些人类骨骼，并将其交给了当地的古人类学家。尼安德特人就这样被发现了。在基因研究还没有兴起的时代，人们根据尼安德特人的骨骼特征与现代人的比较，认为他们是现代人的古老祖先。他们身高略矮，但很粗壮，生活在冰河时代的洞穴中。他们的脑容量与现代人相当或者略大于现代人，肤色比较浅淡。这是长期适应高纬度地区生活的结果。此外，他们还有一头红色或金色的顺滑长发。这群古老的洞穴人曾经广布欧洲大陆，甚至远至西亚和西伯利亚地区。

20 世纪 90 年代，分子生物学家开始检测尼安德特人的基因，并将其与现代人基因进行对比，探寻两者的亲缘关系。当时由于技术还不是很先进，只是比较了线粒体 DNA 上的一些基因。结果发现，尼安德特人大概在距今 50 万年前与现代人有共同的祖先，他们似乎不是现代人的直接祖先，只是一种主要分布于西亚、欧洲的古老的人种。于是，当时的学者们认为，尼安德特人是人类进化中的一个旁支，他们与现代智人没有交集，在现代智人向欧洲扩张的过程中，于距今 3 万年前彻底灭绝了。

随着基因技术的进步，人们对尼安德特人的认识也发生了变化。2010 年，分子生物学家检测了一个尼安德特人的基因组，发现里面的一些基因也同样出现于今天的亚欧人群身上。这说明现代智人必定与尼安德特人发生过杂交。

我们现代人的体内竟然有洞穴人的基因！这个消息当时轰动了科学界。

接下来的多次检测，使现代人和尼安德特人之间的关系越来越清晰起来。在现代人的基因组中，来自尼安德特人的基因占了 1.7% 左右。从东南欧发现的尼安德特人骨骼中提取的信息分析，现代智人和尼安德特人杂交的时间大概发生在距今 6 万年前，这个时间是现代智人走出非洲，刚刚到达欧亚大陆的时候。也就是说，我们的智人祖先与尼安德特人一相遇，就“金风玉露一相逢，便胜却人间无数”。真实的情况也可能没这么浪漫，说不定是野蛮的抢亲：要么智人抢了尼安德特人，要么反之。

现代智人与尼安德特人的杂交并不止发生了一次，在东南欧，距今 4 万年前至少还发生了一次。正是多次的杂交，使得一部分尼安德特人的基因进入现代智人体内，并一直传递到今天的现代人身体里。

因此，说尼安德特人是我们的直接祖先，也是有约 1.7% 的道理的吧。

丹尼索瓦人是一种更晚发现、更为传奇的古人类。在俄罗斯西伯利亚南部阿尔泰山地区，邻近中国和蒙古的地方有一个丹尼索瓦洞穴，18 世纪曾经有个名叫丹尼斯的俄国人在此隐居，洞穴因此得名。

2008 年，俄罗斯考古学家对洞穴进行探测，发现了一块很小的儿童指骨。这块指骨被小心地采集，并送到分子生物学家那里进行基因检测。由于丹尼索瓦洞穴所在地区气候寒冷，DNA 保存状况良好。指骨上的基因组信息表明，她既不是尼安德特人，也不是现代智人，这是一个新的人种。由于指骨是在丹尼索瓦洞穴发现的，因此这个古老的人类被称为丹尼索瓦人；又由于指骨属于一个小女孩，因此科学家昵称其为“X女孩”。

X女孩当然有许多丹尼索瓦人同类。2000年，人们在洞穴中又发现了一颗成年男子的上臼齿，其年代与X女孩生活时代接近。

分子生物学家更为关心的是丹尼索瓦人与现代智人之间的关系。基因对比结果再次令人们震惊不已。生活在距离阿尔泰山万里之遥的太平洋岛屿上的巴布亚新几内亚人、美拉尼西亚人的体内，竟然也携带丹尼索瓦人的基因。在他们的基因组中，大约有4.8%的基因来自丹尼索瓦人。这些太平洋岛屿上的原住民的祖先不仅包括来自非洲的现代智人，而且包括丹尼索瓦人。也就是说，现代智人曾经与丹尼索瓦人杂交，所以后者的一些基因代代相传，延续到了今天的现代人体内。从整个现代人群体看，大概有0.5%的基因来自丹尼索瓦人。

看来尼安德特人不是现代智人的唯一“情人”。

X女孩的发现地在西伯利亚，巴布亚新几内亚人和美拉尼西亚人住在太平洋的赤道附近海岛上，从地点上看两边相距万里。我们可以很容易做出推论，丹尼索瓦人及其后裔在亚洲一度分布非常广，其活动范围从西伯利亚到东南亚，跨过大海，一直抵达印度尼西亚、菲律宾甚至其他太平洋岛屿。

尼安德特人和丹尼索瓦人这两位“新同学”的亮相，让我们知道，当非洲现代智人还没冲出非洲、走向世界的时候，外面的世界至少已经有三种古人类在生活着——各地的直立人、尼安德特人和丹尼索瓦人。两位新同学可能都是从非洲走出来到达西亚的海德堡人的后代。在距今约 40 万年前，尼安德特人和丹尼索瓦人在西亚分道扬镳，前者走向了欧洲大陆，而后者则走向了亚洲内陆。至于现代智人的祖先，那时候还在非洲草原上转悠呢。

尼安德特人主要在欧亚大陆的西部活动，可能没有抵达今天的中国境内。丹尼索瓦人活跃于欧亚大陆的东部，肯定在中国境内生活过。科学家已经在今天藏族人体内发现了丹尼索瓦人的基因，这种特殊的基因能够让藏族人在高原缺氧的空气环境中轻松地呼吸。

更为重磅的发现是，中国科学家在中国境内找到了据称是丹尼索瓦人的下颌骨化石。大约 40 年前，一位佛教僧侣进入甘肃夏河县的一处岩溶洞穴，发现了这件下颌骨化石。那里属于青藏高原，海拔 3 300 米以上，距离阿尔泰山的丹尼索瓦洞穴直线距离大概 2 200 千米。化石上没能保存古 DNA，幸好保存有降解了的古蛋白质，也能提供人类遗传信息。根据化石上包裹的碳酸盐结核，科学家判断这位古人生活在距今 16 万年前；根据其遗传信息，科学家判断他与丹尼索瓦人亲缘关系很近，因此断言他可能是丹尼索瓦人。

如果这真的是丹尼索瓦人，那么古人类学家可能要重新审视中国境内发现的距今十几万年到几万年前的一些古人类遗迹，那些遗迹曾经被归属于直立人，或者被牵强地归属于尼安德特人。说不定，很多那个时期的遗迹是属于丹尼索瓦人的东西。

以上的发现证明，丹尼索瓦人肯定是我们中国人的祖先之一，至少是部分中国人的祖先之一。

走出非洲的大幕已经拉开，舞台上的一些配角也已经就位，现在，我们就正式有请主角——非洲现代智人粉墨登场，看看我们的这位直接祖先是如何实现从东非到东亚的漫长旅行的。

沿着海岸向东飞奔

目前世界上最早的现代智人化石发现于东非的埃塞俄比亚，生活年代为距今 19.5 万年前。由于古人类化石保存不易，因此化石虽然是距今近 20 万年前的，但是其实现代智人出现在地球上的时间可能还要更早一些。从非洲古人类的种类和时间看，现代智人很可能是由留在非洲的那支海德堡人进化而来的。现代智人、尼安德特人和丹尼索瓦人都是海德堡人的“孩子”。

现代智人在非洲诞生后，大概有 10 万年的时间，一直待在非洲故乡，“苦练内功”。智人之所以叫“智人”，就是在智慧上要超过身边的其他古人类以及黑猩猩等灵长类动物。人类进化到智人阶段，抽象思维能力迅速发展，语言能力也大大提升，从而给自己带来了很多生存优势。

比如，他们的石器制作技术更为复杂，而且还能够用兽骨、鹿角、蚌壳、象牙等制作精致的工具，善于利用新材料，发明新技术；他们的“食谱”变得更为宽泛，从狩猎大型动物到挖掘野生根茎，荒野求生轻而易举；他们用火技术更加娴熟，发明了火塘，住所功能分区；他们酝酿出丰富的社会文化与艺术……

这些智慧与技术，给智人带来了生存优势，也带来了更多的人口，他们的部落规模超过了其他古人类部落，但是他们在发挥集体智慧与力量之前，先要通过大自然给予他们的考验。

考古学家发现，距今 10 万年前，就有少量现代智人突破了撒哈拉沙漠地区的阻碍，向北进入西亚的地中海沿岸。在那里，他们似乎与当地原住民——尼安德特人共存了一段时间，有些洞穴时而被他们占据，时而被尼安德特人占据。两种人类的关系如何，我们无从得知。但是最终，当时羽翼未丰的现代智人从地中海沿岸消失了，也许是被尼安德特人“团灭”了，也许是由于自然原因离开了。现代智人的首次走出非洲之旅，很可能就这样以失败而告终。

当时的地球正处于严寒之中，也就是地球历史上的最后一次大冰期。这次大冰期从距今 15 万年前开始，导致很多地区平均气温大幅下降，比今天的气温低 10℃左右；此后气温不断波动，到距今 12 万年前再次持续变冷，一直延续了长达 7 万年左右才略有好转。

大冰期对于欧亚大陆上的古人类是一次巨大的灾难，很多古人类群体就此消失了。不过对非洲大陆撒哈拉沙漠以南的古人类来说，由于地处热带，充足的阳光维持了较高的气温，情况尚可。但是，降水仍然受到冰期的影响，这里出现了持续的大干旱。非洲东部原来的热带雨林和热带草原逐渐变成了沙漠和干草原，只有东非海岸附近由于海洋气候带来湿润气流，干旱并不严重。

于是，人口越来越多的智人部落向更适合生存的东非海岸聚集，那里除了有自己熟悉的丛林和草原食物外，还有海洋中的食物。古人类学家在东非的厄立特里亚发现了距今十多万年前的大量废弃物，既有被猎获的犀牛和大象的遗骨，也包括很多贝壳，垃圾堆里还混杂着人类制作的各种石器。这些证据表明，现代智人曾在这里长期生活，并开发过海洋食物资源。

除了漫长的冰期外，某些突如其来的灾难也降临到了现代智人头上。从东非海岸线跨越浩渺的印度洋，在今印度尼西亚境内的苏门答腊岛北部有一个多巴湖，长 100 千米，宽 30 千米。它其实是休眠火山多巴火山的火山口，多巴火山历史上至少发生过三次大喷发，而第三次喷发就发生在距今 7 万多年前。那次多巴火山爆发也是近 200 万年里地球上最大规模的火山爆发，大量的火山灰尘埃弥漫在大气层里，遮挡了太阳光，地球表面气温骤降，引发了一次全球性的巨大生态灾难。

科学家评估了这次灾难对当时全球古人类的影响。欧洲的尼安德特人在这次打击中基本上全军覆没，只有少量尼安德特人艰难地在高加索山区延续着种族之火。高加索山区曾经是最早走出非洲的直立人的家园，这次又庇护了尼安德特人，真是一块古人类宝地。生活在东亚的丹尼索瓦人也遭受重创，可能只剩下数百人退守在横断山区。至于老古董——直立人即使没有被之前漫长的大冰期扫除干净，在这次大灾难中也无法幸免于难了。

东非海岸边的现代智人也遭受了冲击，他们面临着何去何从的生存难题。对现代世界的移民来说，“哪里有面包，哪里就是祖国”。对聚集在东非海岸线的现代智人来说，哪里有食物，哪里就是故乡。

危机既代表着危难，也代表着机遇。大冰期和火山爆发固然带来了严寒环境，却也让全球海平面下降了许多，估计比今天的海平面下降了 100 米左右。这意味着把非洲大陆和亚洲大陆分开的红海变得狭窄了。这还意味着大陆和海岛的海岸线向海洋方向推进，亚洲大陆南部的波斯湾、印度坎贝湾、东南亚大小岛屿之间的海峡都变得狭窄了，许多小海峡甚至直接变成了陆地。

一条从东非海岸一直向东延伸的“海岸高速公路”展现在现代智人的眼前。在距今 10 万年前那次失败的西亚远征之后，现代智人在距今 7 万年前开启了第二次走出非洲之旅，这一次，他们能成功吗？

蒙戈湖位于今澳大利亚新南威尔士州，在距今 1 万年前就已经干涸了。但是，至少在距今 2 万年前，这里仍然水草丰美。

1974 年，澳大利亚考古学家在蒙戈湖发现了一件男性古人类化石，经鉴定属于现代智人。经过反复检测，他的生活年代被推到了距今 4.5 万年前。而且，在发现这件古人类化石的土壤层下面的沉积层中，还发现了一些人工制品，而那些沉积层的年代可以追溯到距今约 6 万年前。

这个年代数据震惊了考古学界，这说明蒙戈湖地区在距今 6 万—4.5 万年前就有现代智人居住，这是非洲以外发现的现代智人化石中最古老的一个。考古学家在东南亚加里曼丹岛、新几内亚岛找到的现代智人遗迹，都是距今 4 万多年前的。

人们立刻被一个问题难住了：从非洲东海岸到澳大利亚之间找到的现代智人，怎么会比澳大利亚的现代智人还年轻？

我们知道，澳大利亚大陆四周被海水包围，在几千万年之前这块大陆就不再与其他大陆有陆路相连了，动物群非常古老。所以，在这块大陆发现的古人类，必然是从其他大陆迁移过来的。可是考古学家在东南亚发现的现代智人，最古老的距今也只有 4 万年，而根据蒙戈湖人类化石分析，显然现代智人在距今约 6 万年前就到达了澳大利亚大陆。

难道现代智人从故乡非洲直接坐飞机来到了澳大利亚大陆？这当然是开玩笑，考古学家需要更合理的解释。他们通过研究各地原住民的基因寻找现代智人迁徙的线索。从基因分析看，在距今 7 万年前现代智人走出非洲的时刻，他们是从非洲的东北部海岸一带出发的。此外，澳大利亚原住民的基因很复杂、很古老，和非洲黑人很接近，这说明他们的确是从非洲迁徙过来的，这些原住民很可能就是蒙戈湖那位古人类男性的后代。

在非洲和澳大利亚大陆之间的印度南部，考古学家发现，一些原住民的基因和澳大利亚原住民很相似。另外，印度洋安达曼岛上的原住民与非洲的布须曼人、俾格米人有许多共同特征：个子矮小、黑皮肤、浓密的卷发。这是因为安达曼岛相对孤立在海中，并没有受到后续其他部族的侵扰，基因上保留了更古老的状态。

基因研究还告诉世人，这一支最终到达澳大利亚大陆的现代智人，基本上只分布在印度洋沿岸和澳大利亚，并没有迁徙到大陆深处和太平洋沿岸。根据基因提供的信息，考古学家基本上可以描绘出现代智人走过的沿海路线：从非洲东北海岸出发，经过印度沿海，途经东南亚岛屿，终于到达了澳大利亚大陆，最后在距今 3 万年前又进入了本书上一章介绍的塔岛技术悲剧发生的岛屿。

现代智人并没有坐飞机到达澳大利亚，他们是沿着冰河时期的海岸“高速公路”迁徙的，所以沿途的许多现代智人遗址应该就在海岸线——冰河时代的海岸线而非现在的海岸线附近。冰期结束后，地球回暖，海平面大幅上升，淹没了许多沿海地区的古人类遗址，所以考古学家才没能发现那些更古老的遗址。

那么，这批海岸高速公路上的“暴走族”曾经到过中国吗？

基因研究的结果是：到过。

这批“海岸暴走族”的航海能力应该很强。澳大利亚大陆在上亿年前就与其他大陆分离了，大陆上的动物非常古老，在现代智人到达前，澳大利亚大陆上连灵长类动物都没有，当然也就不曾有过任何古人类。直立人之一的爪哇人曾经居住在距离澳大利亚大陆只有 100 千米的北方岛屿上，却只能望洋兴叹。即使在冰期海平面下降的条件下，从东南亚的岛屿跨海到达澳大利亚大陆，仍然要穿越惊涛骇浪，没有先进的航海工具和优秀的航海技术，是不可能做到的。

优秀的航海能力让“海岸暴走族”在抵达东南亚后，不仅向南到达了澳大利亚大陆，而且继续沿着海岸线向北挺进，而东南亚的北面，就是今天的中国。时间可能非常早，距今约 5 万年前，中国的海岸线就出现了现代智人的身影。令人遗憾的是，那时候的海岸线如今已经被海水覆盖了。

这批现代智人顺着中国东南部海岸一路向北，甚至抵达了朝鲜半岛和日本列岛。在今东北亚和蒙古等地的现代人中，高达 50% 的人拥有“海岸暴走族”的基因。这说明他们不仅喜欢在海岸线冲浪，而且曾经深入内陆地区，所以中国东北地区也是这批现代智人的途经之地。

也许是过于痴迷于海岸生活，不善于在内陆谋生，也许是大冰期控制的大陆内部过于寒冷，不适合当时的人类生存，这批现代智人留到今天的后代并不多。现代人中的绝大多数，都来自另一批走出非洲的现代智人。

3 万年前的猎人祖先

在距今 5 万年前，又一批非洲现代智人迈出了远行的脚步，他们踏着距今 10 万年前那批壮烈先辈的足迹，再次勇敢地跨过撒哈拉沙漠，朝北走向了西亚地中海沿岸。

人类史前历史掀开了新的篇章。

与早自己 2 万年出发的“海岸暴走族”不同，这批现代智人更擅长狩猎，比自己的祖先海德堡人更加优秀，我们可以称呼他们为“草原狩猎族”。考古学家发现，在距今 6 万—5 万年前，远古人类发明了世界上最早的人造投射装置——轻型标枪和弓箭。这种远距离猎杀动物的武器提高了狩猎的效率，并降低了人类与猛兽直接搏斗导致的死亡率，这样，人口的增长率大大提高，出现了一次人口膨胀。可能也正是手握尖利的木制标枪与弓箭，使得这批走出非洲的现代智人“不屑于”沿着海岸线旅行，而是热衷于追逐大型动物走向西亚。

凭借新发明出来的弓箭，“草原狩猎族”发现欧亚草原带简直是人间天堂。绵延万里的欧亚草原带就是他们的“草原高速公路”，沿着草原带，他们迅速进入当时水草丰美、野兽成群的中亚地区。卓越的狩猎能力让他们能在仍然寒冷的大陆内部生存并壮大。然后，实力强大的“草原狩猎族”以中亚为基地，继续向四周扩散。

其中一支南下进入印度次大陆，当他们抵达印度海岸附近时，遇到了比自己早 1 万多年来到印度的“海岸暴走族”。即使经过了1万多年，“海岸暴走族”仍然人丁单薄，根本不是凶悍的“草原狩猎族”的对手。基因研究表明，“海岸暴走族”的女性融入了“草原狩猎族”的人群之中，而男性基本上都断绝了后裔。

难道“草原狩猎族”杀死了“海岸暴走族”的男人，抢走了“海岸暴走族”的女人?

这种可能性很大，远古不同人群之间的融合过程没有今日世界的人权、法律的束缚，当时流行的是“丛林法则”，这种杀死男人、抢走女人的事件，我们还会在接下来的人类历史中频频遇到。

“草原狩猎族”中的另一支沿着草原带一路向东，越过了长期隔绝东亚和中亚的天山、阿尔泰山等山系，进入蒙古和中国北方。从基因比例上看，东亚人群中有一半以上的现代人体内都有“草原狩猎族”的独特基因。他们抵达中国北方的时间可能在距今3.5万—3万年前。

在长达百万年的时间里，中华大地一直“门庭冷落车马稀”，除了在本地艰难挣扎的少量直立人部落，没有什么人气，几乎不见“来客”。在距今5万—3万年前，中华大地突然间变得热闹起来。这个时期，至少有两批现代智人——“海岸暴走族”“草原狩猎族”分别来到东亚，这里可能还存在着少量直立人和丹尼索瓦人，如果后面这两类人没被大冰期或现代智人消灭的话。

现代智人能够冲破地理阻隔，频频进入中华大地，一方面是由于自身更有智慧、技术能力更强，另一方面是由于“天时”配合，他们抓住了气候的有利时机。

中国的古气候透露了相关信息。对黄土高原沉积的古土壤里化学元素的分析结果表明，距今9万—6万年前气候寒冷，这段时期估计全球都处于寒冷时期，也正是在这个时期，现代智人抓住海平面下降的机会，沿着海岸线走出非洲，“海岸暴走族”展开了一轮大扩张。距今6万—2.5万年前，黄土高原处于相对温暖的时期，对应着现代智人向欧亚大陆迁移，“草原狩猎族”大扩张。距今2.5万—1.4万年前，黄土高原又变得异常寒冷。

另外，中国内蒙古西部曾经有一个很大的湖泊，叫作居延海。唐代诗人王维曾经写过一首《使至塞上》，诗云：“单车欲问边，属国过居延。征蓬出汉塞，归雁入胡天。”这里的“居延”就是指居延海。这首诗接下来的一句就更有名了，“大漠孤烟直，长河落日圆”。这说明唐代时居延海还存在，但是周边已经是大漠风光了。科学家从这个古湖泊的沉积物中的化学元素分析，湖水在距今3.7万—3.4万年前、距今3.1万年前左右、距今2.8万—2.6万年前的时段水位高，说明当时气候温暖湿润；在距今1.9万—1.4万年前的时段水位低，对应气候干旱（可能还有寒冷）。距今3.7万—3.4万年前这个温暖的“窗口期”，正是“草原暴走族”越过天山、阿尔泰山东进的时段。

如果对照古气候变化与现代智人扩张，我们就可以看出，现代智人在东亚的迁徙有一个“跷跷板效应”：当全球气候寒冷时，内陆冰天雪地，不适合人群居住和迁徙，而沿海海平面下降，适合人群生活和迁徙，于是南方的“海岸暴走族”及其后裔相对扩张；当全球气候温暖时，内陆春暖花开，适合人群居住和迁徙，沿海海平面上升，给沿海居住的人群带来麻烦，于是北方的“草原狩猎族”及其后裔相对扩张。

这个跷跷板效应能够让我们发现几万年以来现代智人在中华大地上的迁移线索，理解不同时段中国古人类的面貌。现在，让我们回到北京周口店，去亲密接触一下几万年前的现代智人祖先们。

“等等，你不是说周口店北京人并不是我们的祖先，他们在距今20多万年前就离开那里了吗？”

当然，距今几万年前，周口店已经没有了北京人，但是由于现代智人的扩张，他们也看上了龙骨山这块风水宝地，那里重新兴盛起来。

2001年，考古工作者在距离周口店北京人遗址6千米处的田园洞发现了包括下颌骨和部分肢骨在内的古人类骨骼和丰富的哺乳动物骨骼，这一古人类被称为“田园洞人”，几年后科学家根据骨骼内的化学同位素，确定田园洞人生活的年代在距今4.2万—3.85万年前。此后的基因检测表明，田园洞人属于现代智人，携带了极少量的尼安德特人和丹尼索瓦人基因。

从生活时代看，田园洞人很可能是“海岸暴走族”沿着海岸北上后的后裔。虽然今天的周口店距离渤海海边有170多千米，但在几万年前，渤海湾的海岸线在今天津市的武清到静海一线，当时周口店距离海边只有 100 千米左右，从龙骨山向东南到达海岸边，基本上是一马平川，此后的海退以及河流沉积把海岸线向海洋方向推进了一大段。当年的“海岸暴走族”的后裔从海边到达周口店并不太难。

另一个可以间接支持田园洞人是“海岸暴走族”后裔的证据，来自南美洲丛林中的现代亚马孙人。基因对比发现，在美洲原住民各个人群中，只有亚马孙人与田园洞人的遗传关系最近。这意味着现代亚马孙人的古人类祖先可能与田园洞人关系密切。由于美洲人群都是从亚洲迁移过去的，如果只有田园洞人这一支现代智人迁入美洲，那么现代美洲所有原住民人群都应该与田园洞人的遗传关系密切。可实际情况是，只有远在南半球南美洲的亚马孙人与田园洞人遗传关系很近，很大可能说明与田园洞人亲缘关系很近的一支现代智人很早迁入美洲，后来又有其他现代智人进入美洲。考虑到“海岸暴走族”出色的航海能力，很早就扩张到东北亚地区，亚马孙人的祖先可能要追溯到“海岸暴走族”，因此田园洞人可能也是“海岸暴走族”的后裔。关于美洲人群的起源与扩张，本书将在后文详述。

基因研究还揭示，田园洞人可能并不是现代中国人的直接祖先，可能没有后代存活到今天。田园洞人最终断子绝孙了，这真是一个令人悲伤的消息。

似乎是要安慰我们寻根问祖频频受挫的心灵，龙骨山上的另一种古人类在田园洞人之后崛起于山顶的洞穴中，他们就是大名鼎鼎的山顶洞人。早在 1933 年，山顶的钟乳石山洞中就出土了古人类骨骼。也正是因为被发现得很早，山顶洞人的头骨原件和一些骨骼标本遭遇了和周口店北京人一样的命运，在战火中遗失了。

山顶洞人显然是心灵手巧的一类人，他们有大量的装饰品，穿孔的兽牙、海蚶壳、小石珠、小石坠、鱼眼上骨和刻沟骨管等。山顶洞人的骨器和装饰品制作得十分精美，他们已经掌握了钻孔技术，不仅会一面直钻，而且还能两面对钻。

山顶洞人的居住环境分成了几个洞室，科学家对里面的动物残骸进行了同位素测年，发现洞穴的上室和下室动物的生活年代分别是距今 2.9 万—2.4 万前和距今 3.4 万—3.3 万年前。由于这些动物应该是被山顶洞人猎杀的，因此这个时间也等同于山顶洞人的生活年代。

从山顶洞人的时段看，他们刚好生活在冰河时代相对温暖的日子里。由于科学家没能获得山顶洞人的遗传信息，因此无法通过分子生物学判断他们的祖先是谁、是否有后代存活到了今天。不过，他们有卓越的穿孔技术和骨针工具，这很可能是延续自“草原狩猎族”的东西，后者用骨针来缝制兽皮衣服。再考虑到山顶洞人的生活时代刚好在“草原狩猎族”东进之后，所以他们是“草原狩猎族”后裔的可能性很大，他们与比自己早 1 万多年来到周口店的田园洞人并不是一类现代智人。只是不知道两批智人是否曾经在龙骨山相遇。

“城头变幻大王旗”，龙骨山上古人类的更替，集中反映了几万年以来中华大地上古人类格局的风云变幻。在气候变迁这个幕后导演的指挥下，在自身人群生存压力的驱动下，不同人群在中华大地上南来北往，为了梦中的明天而持续奋斗（见表 2–1）。

表 2–1 不同时期不同地区的古人类

古人类进化阶段		非洲大陆	欧亚大陆东部	欧亚大陆西部
智人阶段 （距今 40 万年前至今）	晚期智人	……	山顶洞人 田园洞人	克罗马农人
	早期智人	长者智人	丹尼索瓦人	尼安德特人
直立人阶段 （距今约 200 万—20 万年前）		非洲海德堡人	北京人 元谋人 爪哇人	欧洲海德堡人 格鲁吉亚人
能人阶段 （距今约 300 万—200 万年前）		能人	无	无
南方古猿阶段 （距今约 500 万—200 万年前）		阿法种 非洲种 粗壮种 鲍氏种	无	无

南下北上，走遍中国

从拥有的石器的种类看，以山顶洞人为代表的这批现代智人在当时的中华大地上广泛分布，至少从华北地区北部向南到黄河流域，都有类似技术和文化的古人类活动。我们今天所称的中原地区，是当时他们重要的活动区域，不同部落分布在平原的河谷地带，在水源和食物条件适合的地方安营扎寨，形成了较长时间居留的营地，并围绕自己的营地，在周边形成放射状的临时活动点，从事狩猎、采集，选取合适的石料加工石器。

有趣的是，考古学家在郑州南部发现了距今3万年前的古人类遗址，这批古人类远距离搬运来紫红色石英砂岩，专门垒砌成石堆基座，在上面摆放巨大的古棱齿象头，这种大象成年体重都在10吨以上。他们为什么要这么做？是出于对巨兽的恐惧或崇拜，还是通过仪式祈求狩猎丰收？

我们不得而知。这种类似于祭祀的活动，表明了当时的古人类有着丰富的精神世界。

山顶洞人的快乐时光大概持续了几千年到上万年，从距今约2.5万年前开始，全球进入了非常寒冷的时期，也就是“末次冰期盛冰期”。

科学家根据碳十四同位素信息，确定盛冰期的具体时限在距今2.65万—1.9万年，当时全球陆地约有1/4长年被冰雪覆盖，而今天全球陆地则只有1/10长年被冰雪覆盖。由于大量的地表水冻结成固态的冰，全球海平面比现在低100米甚至更多。从气温上看，盛冰期全球平均气温比现在低5~10℃，在中高纬度地区甚至可能比现在低20℃；在赤道地区，平均气温可能只比今天低2~3℃，影响不大。酷寒的气候持续了7 500年，直到距今1.9万年前，北半球大部分冰川才开始融化、退缩，盛冰期结束。

盛冰期中，中华大地也千里冰封、万里雪飘。距今2.7万—1.8万年前，陕西秦岭地区出现了云杉、冷杉林。这些树木生长在海拔近3 000米、年平均气温2.5~5.7℃的环境中，而今天秦岭一带年平均气温在13℃，两相比较，距今约2万年前，秦岭地区气温比现在低7~10℃。估计山顶洞人活动的华北地区也比今天低10℃左右。由于气候变冷变干，生态环境恶劣，植物类型发生变化，乔木和木本植物减少，草本植物增加，其中的禾本科植物明显增加，而浆果类植物减少，人们的采集活动变得艰难起来。

盛冰期的到来，使得古人类的生存方式有了很大改变，反映在他们所使用的石器上，石叶、细石叶工具成为主流，这是适应干冷环境、频繁迁移、专业化的狩猎人群所使用的工具。在这段最寒冷的时光中，即使山顶洞人的后裔还活着，他们也应该不会继续在华北北部的龙骨山居住，他们可能向南迁徙了。说不定当时也有很多原本生活在欧亚草原带的“草原狩猎族”的后裔，为了躲避严寒向南迁徙而来，进入中华大地，生活在中原地区甚至更加靠南的区域。南方毕竟要暖和一点儿，食物稍微丰富一点儿。他们就如同中国历史上那些草原游牧部落一样，在气候变冷的时候频频南下，只不过他们的时代早了2万年，他们也还没有学会骑马，只能依靠步行。他们的南迁可能也不像后来的游牧部落南下那样战火纷飞，因为距今2万年前的寒冷时期，大地上本来也没有多少人群了。

总之，在盛冰期的时代，很可能发生过古人类从中国北方地区南下的迁徙事件。这是一段古老祖先群体的萎缩期，尤其是对古老的北方人群来说。

那么，在山顶洞人以及之后的盛冰期这段时光中，中国的南方地区是什么景象呢？

就在山顶洞人及其伙伴于距今 3 万年前在中国北方扩张之时，中国南方也并不平静。

我们知道，东南亚地区很早就有“海岸暴走族”生活，他们的后裔在那里养精蓄锐；从中亚进入南亚的“草原狩猎族”，也在四处扩张，他们的后裔进入东南亚地区，使得东南亚地区有着各种类型的人群，或者按照分子生物学家的说法，那里生活着各种基因型的人群。

借助温暖的气候，这些人群纷纷开始“北伐”，涌入中国南方地区。他们进入中国的路线可能有两条：一条就是通过“海岸高速路”，从华南地区深入内陆；另一条可能是从东南亚腹地顺着河流北上，进入今天的云南地区。分子生物学家发现，缅甸的现代人群中有很多古老的基因型，这些基因型也出现在中国西南地区的现代人群中，这说明两个地区有人群的交流。通过分析基因，学者们大概可以判断，在距今 2.5 万年前或更近的时段，有古老人群从缅甸向北迁入中国境内。

分子生物学家通过综合各地现代人群的 Y 染色体和线粒体 DNA 的数据，从父系遗传和母系遗传两条线索追溯现代智人在中华大地的扩张情况。他们发现，一部分 Y 染色体的基因型与一部分线粒体 DNA 的基因型的分布十分相似，而另一部分 Y 染色体的基因型与另一部分线粒体 DNA 的基因型的分布十分相似，可以分别用组合 1 和组合 2 来代表这两个基因型人群，其中组合 1 在北方现代人群中比例很高，组合 2 在南方现代人群中比例很高。而且，由于两种组合有大致相等的基因多样性，因此可以判断，分别携带这两种组合的古老人群基本上同时进入中国境内。

令人惊讶的是，这两种组合的人群并不是分别从北方和南方进入中国境内的。分子生物学家发现，他们都是从南方进入中国，然后逐渐向北扩张的。只是组合 2 在南方地区扩张得比较早，因此很多南方现代人群中拥有这种基因型组合。组合 1 进入中国境内，在迁徙到北方地区后才开始大肆扩张，因此很多北方现代人群中拥有这种基因型组合。

真正来自蒙古高原、西伯利亚地区的基因型，也就是从欧亚草原带南下的古老人群的基因，在今天的现代人群中所占比例很小。那些在盛冰期南下中原的古老北方人群，那些山顶洞人的伙伴，他们的命运可能不容乐观。

让我们猜测一下熬到了距今 1.9 万年前盛冰期结束后，中华大地上的古老人群的迁徙情况吧。

在盛冰期的打击下，北方古老人群损失惨重，这不仅意味着他们的人口和部落数量大幅减少，还意味着他们丧失了很多特有的基因型。就像在地球历史上的很多次生物大灭绝事件一样，盛冰期也会造成许多古老人群的灭绝。盛冰期时南方古老人群受到的打击较小，他们的人口、部落以及基因型的多样性远比北方更多。当盛冰期结束，一个相对温暖的时期来临时，人丁兴旺的南方古老人群纷纷开始“北伐”，向正在回暖的中原地区甚至更北方挺进。

在今天的中国各民族中，以基因多样性从多到少排序，依次是南方非汉族人群（即南方各少数民族）、南方汉族人群、北方汉族人群、北方非汉族人群（即北方各少数民族）。即使中国历史上不断发生族群融合，也仍然存在这样的基因型南北分布差别，这正是南方古老人群向北扩张留下的痕迹。哪里的基因多样性更丰富，哪里就是故乡，是迁徙的起点。

不同人群牙齿类型的分布，也揭示了古老人群扩张的方向。其实在分子生物学家进入现代智人迁徙路线的研究领域之前，考古学家已经用牙齿类型的分布来探索迁徙路线了。

考古学家发现，亚洲东部的古老人群的牙齿类型可以分成两类——中国型和巽他型。中国北方、蒙古、韩国、西伯利亚人群乃至印第安人的牙齿基本上属于中国型，而东南亚、太平洋诸岛上的人群的牙齿属于巽他型。在日本，绝大多数人的牙齿属于中国型牙齿，古代的绳纹人和现代的阿伊努人的牙齿属于巽他型牙齿。中国华南地区的人群，似乎处于两类牙齿类型分布的中间地带。根据牙齿类型的分布，考古学家提出，巽他型牙齿可能于距今 3 万—1.7 万年前的某个时刻在东南亚地区产生，然后这种牙齿类型的人群沿着东亚大陆架向北挺进。由于当时是冰期，海岸线向海洋大陆架方向延伸，当时的日本、中国台湾和东南亚岛屿很多都与大陆相连。另外一支东南亚古老人群稍后从大陆的内陆向北进发，在中国北部产生了中国型牙齿类型，时间可能是在距今 2.5 万—1.8 万年前的某个时刻，然后他们再继续向北进入西伯利亚，乃至跨海进入美洲大陆。

考古学家对牙齿类型扩散的描述，和分子生物学家用基因来推测南方人群的北进路线基本吻合。巽他型人群可能就是组合 2，中国型人群可能就是组合 1。

而且看起来，组合 1 与组合 2 在很长的时间里基因交流很少，各自基本上保持着自己的特色基因型。这个现象为我们理解几万年前现代智人的迁徙模式提供了有益的线索。

与直立人相比，现代智人由于智慧更高、技术升级，因此生存能力更强，他们的群体数量更多，每个群体的个体数量也更多，而且还具有很强的迁徙能力。总之，在人类进化到现代智人阶段后，除了运气不好遭遇塔岛技术悲剧的少数群体外，现代智人基本上摆脱了塔岛技术悲剧和功能性灭绝的威胁。至于那些把东亚与欧亚大陆其他区域分割开的地理阻隔，已经无法阻挡现代智人的脚步。

他们在迁徙过程中面对的环境，是广阔且基本空旷的大地，这个时期的古人类扩张可以用“填空模式”来描述，自然界中散布着许多适合现代智人生活的空间，“长路漫漫任我闯”，他们在几万年中不断繁衍、迁徙，填补这些空间。

生活在不同空间的远古人群，在相当长的时间里踏上了各自的进化之路。由于天宽地广，分散各处的不同人群之间的基因交流尚不频繁，因此相对独立的进化使各个人群拥有了自己独特的基因型。这种现象在分子生物学里叫作“遗传漂变”，比如一个大的群体分出去了几个小群体，这些小群体分别只拥有大群体基因库中的一部分基因型，随着时间的推移，这些小群体不断繁衍，其基因型已经变得与大群体不一样了，小群体彼此之间也变得不一样了。

现代智人走出非洲后的几万年迁徙历史，也是群体遗传漂变的历史。一个大的群体不断分化出小的群体，占据不同的生存空间，在新家园中独立进化。在这个时期，基因型的漂变、分化趋势大于基因型的交流、融合趋势。就这样，东西南北的中华大地上，形成了灿若繁星的不同基因型的古老人群。

从距今 7 万年前开始的地球历史上的末次冰期，在距今 2 万年前达到最冷的盛冰期之后，终于有点儿强弩之末的颓势了。地球变得温暖起来，尤其是在内陆地区。春风又绿江河岸，暖风吹得古人醉。借着这股珍贵的暖风，我们的现代智人祖先一拨拨地南下北上，跋涉万里而来，他们的脚步踏遍了中华大地，散布居住在天南地北。他们既聪明又能干，再也不像东亚直立人前辈那样被大自然完全左右，东亚的现代智人正在变得越来越强大，他们很快将掌握新的技能，真正开始掌控自己族群的命运。

小贴士

洞穴人留给我们的基因礼物

在现代人身上，大约 1.7% 的基因来自尼安德特人。换句话说，我们的智人祖先曾经与尼安德特人有过杂交。实际上，智人简直是“见一个爱一个”，他们也曾与丹尼索瓦人有过杂交。生活在高原上的藏族人、彝族人和夏尔巴人，以及太平洋海岛上的美拉尼西亚人、巴布亚新几内亚人体内，都有相当可观的丹尼索瓦人基因。以整体现代人平均来看，大约有 0.5% 的基因来自丹尼索瓦人。高原民族适应缺氧环境的基因，就来自丹尼索瓦人。

尼安德特人与丹尼索瓦人同样“用情不专”。从他们可能的共同祖先海德堡人分离出来后，两者之间也发生过杂交，至少 0.5% 的丹尼索瓦人基因来自尼安德特人。丹尼索瓦人还与另一个未知的人种进行过杂交。这一未知人种也许是海德堡人的另一个支脉。

在尼安德特人赋予我们的基因中，有一个与角蛋白合成有关。角蛋白是一种纤维状的蛋白，构成我们的毛发、皮肤角质层和指甲。现代智人刚走出非洲时，头发可能是卷曲的。今天的欧亚人群中有些人拥有一头垂顺秀发，就是尼安德特人的基因带来的。

此外，还有一个涉及皮肤色素合成的基因也来自尼安德特人，使欧亚人群肤色变浅，与自己的非洲同类不一样了。较浅的肤色在高纬度地区是一大生存优势，因为在阳光不太充足的条件下，较浅的肤色合成维生素 D 的效率更高，而缺乏维生素 D，人易得佝偻病和软骨病。

古人类之间的杂交只是个别行为，并没有大规模地发生。跨越人种的杂交行为，可能也就发生过寥寥数次。但是获得了其他古人类基因的个体很幸运地拥有了明显的生存优势，所以这些基因在人群中逐代扩散开来，以至今天生活在欧亚大陆上的现代人，都或多或少拥有尼安德特人的基因。

不过，并非来自尼安德特人的基因都是有益的。我们从尼安德特人那里获得的几个基因，会让我们更容易患某些疾病，其中包括 II 型糖尿病、红斑狼疮和克罗恩病（一种慢性肠炎）。此外，科学家还猜测，来自尼安德特人的某些基因可能会导致生育障碍。所以，在现代人的 X 染色体上，几乎没有来自尼安德特人的基因。

第三章

北粟南稻

华夏农民的田园晨曲

中华大地上响起的第一首器乐曲，可能是小小的骨笛发出的。

河南舞阳，贾湖遗址，几十支距今 9 000—7 800 年前截取丹顶鹤的翅骨制成的骨笛破土而出。这是迄今为止考古发现的中国最古老的乐器。

贾湖骨笛一般长 20 多厘米，直径约 1.1 厘米，圆形钻孔都分布在同一侧，一般为 7 孔。个别笛子的主音孔旁还钻有小孔，这可能是古人的调音孔，骨笛开孔后先要试音，如果音律不谐，再开小孔做微调。可见当时古人的声律技巧已经非常精湛。

在远古时代，物质条件低下的古人们哪里来的闲情逸致吹奏音乐呢？

答案是：他们把野草变成了佳肴，把野兽变成了家畜，他们是中华大地上的第一批农民，他们开启了中华大地上的“农业革命”。

粟和黍：北方祖先的社稷江山

“仓廪实而知礼节”，只有吃饱了肚子，人们才会注重社会礼仪，注重文化与艺术，贾湖的骨笛才会被制造出来，然后被人们吹奏。

在农业产生之前，古人获得食物的方式就是渔猎和采集。农耕其实是很辛苦的生活方式，尤其是考虑到农业诞生之初农作物产量很低的事实，田间劳动就更显得辛苦了。农耕获得的粮食蛋白质含量少，味道也不如猎物和瓜果。耕种具有的唯一优势就是，它能养活更多人口。在土地和劳动时间相同的条件下，农耕活动可以给古人提供更多的食物，或者说更多的能量，能够让更多的人吃饱饭，虽然吃的差了一点儿。

从农耕方式与其他生产方式的比较，我们就可以猜测农业产生的原因。古人选择更为辛苦的农耕，其实是“迫不得已”的，很可能是由于环境所迫。

因此，在追踪我们的第一批农业祖先之前，我们先要书接上回，了解一下末次冰期盛冰期结束后的全球气候变化。

距今1.8万年前是末次冰期最为冷酷的时候，之后的四五千年，地球逐渐回暖，到距今1.4万年前，出现了一段非常温暖的时期，海平面迅速回升。然后在距今1.28万—1.15万年前期间，出现了一次名为“新仙女木期”的降温事件，全球气温下降了7~8℃。之后地球又一次回暖，一直到距今8 400年前，再次迎来一次降温事件，不过这次降温比新仙女木期要弱。

中华大地上农业的萌芽，时段可以追溯到新仙女木期及之后的回暖期。降温事件对中国北方古人的冲击远大于对南方古人的冲击，因此我们就先来了解北方古人面对降温事件所开展的“生产自救”活动。

在从距今 1.4 万年前开始的那段温暖期，许多生活在寒冷气候区的大型动物的活动范围向北方移动，北方古人的狩猎目标以野猪、鹿等喜温动物为主。温暖的气候下，丰富的食物养育了更多的人口。然后，新仙女木期突然而至，自然环境变得恶劣，许多大型动物数量减少甚至灭绝，狩猎能够捕获的动物量锐减，如果不能开辟新的食物来源，大量的北方古人将会饿死。

饥肠辘辘的祖先们把目光投向了漫山遍野的野草。

狗尾草和野糜子是广泛生长在中国北方的一年生禾本科植物，它们结出的颗粒很小。在温暖的岁月，动物和浆果食物丰富的时期，北方古人也许看不上这两种草的籽粒，但是在寒冷的岁月，他们必须珍惜自然界中任何可以吃的东西，即使是一小粒一小粒的狗尾草和野糜子籽粒也不能放过。按照农学家的说法，他们这时候的食物是“广谱性”的，有什么就吃什么。

作为聪明的现代智人，除了广泛采集植物籽粒外，他们甚至还会考虑把一些产量比较高、颗粒饱满的植物的籽粒挑选出来，播撒在大地上，让它们肆意生长，希望在未来结出更多的籽粒。就这样，他们从采集方式向农耕方式迈出了第一步。

狗尾草是粟这种农作物的野生祖先，粟就是日常生活中的小米，今天我们主要用它来熬粥；野糜子则是黍这种农作物的野生祖先，黍就是今天所说的黄米，在现代农业中已经很少种植了，在一些北方特色食物比如驴打滚、黏豆包那里，我们还能与黍相遇。

粟和黍都是原产于中国北方的农作物，但是对于它们最早被驯化的地点和时间，学者们还没有完全搞清楚。最初，人们认为黄河流域自然条件优越，特别是平原地区利于灌溉，可能是粟和黍的起源地。但是，正因为粟和黍都是从“野草”驯化而来的，所以它们最初改良的地点可能不一定是适合大规模农耕的地区，反而可能会是“野草”繁盛的地方，比如一些山间谷地。此外，黄河流域优越的自然条件，反而可能会成为原始农业萌发的阻碍，那里的古人没有太大的生存压力去改良“野草”。在一些自然条件不是那么优越的区域，比如更加靠北的燕山山脉甚至东北地区的辽河流域，气候更为寒冷，古人更有动力去改良“野草”，以补充自己的食物来源。

植物考古正在证实这个猜想。比如，植物学家在北京附近的东胡林人遗址中筛选出了已经炭化的粟粒，其从形态上看已经有了栽培粟的样子，但是尺寸还非常小，这可能说明当时那里的古人已经开始将狗尾草向栽培粟驯化，还处于驯化的过渡阶段。无独有偶，其他植物学家在山西西南部的柿子滩遗址筛选出了处于驯化过程的黍类籽粒，但是粟还处于野生阶段。与之对比，在黄河流域对粟的驯化大概发生在距今 8 000 年前，比更北方的区域要晚。

有趣的是，粟和黍的驯化起源地可能也不一样。从两种植物的特性看，粟对水分的要求较高，主要生长于较湿润的地区，而黍则多生长在较干旱的地方。从植物考古的发现看，栽培黍最早出现在中国北方森林草原植被过渡带，它最有可能诞生于辽宁西部、内蒙古西拉木伦河流域、燕山山脉北麓，也就是今天 400 毫米等降水线的北方，偏干旱环境；栽培粟最早出现在稍微靠南方的区域，它最有可能诞生于太行山北部到燕山山脉南部一带，在 400 毫米等降水线的南方，偏湿润环境。

让我们通过一个古人的“粮食基地”来一窥他们的农作物驯化过程。

河北南部、太行山东麓有一个磁山遗址，经过考古学家的多次发掘，一共发现了几百个窖穴，其中储存粮食的粮窖有近 200 个。仅仅第一次发掘中发现的 88 个粮窖，储存的粮食就达到了 109 立方米，折合粮食质量大约 6.9 万千克。如果再算上后期发现的粮窖粮食，古人的这个粮食基地真是储量惊人。

通过对粮窖粮食的测年，我们得知这些粮食是距今 10 000—8 700 年前收获和储存的。这些万年粮仓里储存的是什么粮食呢？

磁山遗址里的粮食早已腐朽，刚出土时是淡淡的灰绿色，风干后变成了灰白色。不过人们还是能看出粮食的清晰外壳。籽粒虽然早已腐烂，但是植物学家知道，植物活着时会在吸收水分的同时吸收一点点可溶性的二氧化硅，这些二氧化硅积淀在植物的各个部分，在植物死后，会形成耐腐蚀的植硅体，他们通过植硅体的形态就可以反推植物的种类了。植硅体虽然不是植物的基因，但是和基因一样保存了植物的信息。

利用磁山遗址粮食的植硅体研究，植物学家发现，这个巨大的粮仓在距今 10 300—8 700 年前的样品中，灰化粮食的植硅体表明里面全部是黍。距今 8 700—7 500 年前，粮窖里开始出现少量粟的植硅体，但粟的含量一直没有超过总量的 3%，粮仓里依然以黍为主。也就是说，磁山遗址的农作物灰化样品主要是黍。万年前的北方古人是吃黄米的，然后他们才驯化了粟，吃上了小米。

为什么首先装满粮仓的是黄米而不是小米呢？

这首先应该归功于黍比粟更加“皮实”。黍的生长期短，比粟更耐干旱、更耐贫瘠。当时的古人多居住在山谷有水源的地方，因为那里是渔猎和采集的优良场所。古人技术能力有限，生活环境周围又没有大片可供开垦的土地，因此黍成为他们补充食物来源的首选。另外，气候变化显然也在帮助黍率先脱颖而出。前面已经谈到，寒冷期的降临要求北方古人尽快找到新的食物来源，哪种植物最容易被驯化为农作物，哪种植物就会率先填满粮仓，黍就是他们的首选，它容易被驯化，而且更耐寒。

从野生品种到适合农耕的栽培品种，农作物的驯化是一个漫长的、渐变的过程，在这个过程中，古人通过一代代的筛选，让单株植物籽粒越来越大、单位面积产量越来越高。如果说大概 1 万年之前古人就实现了黍的基本驯化，那么粟的基本驯化大概要到距今 8 000 年前了。那个时期的许多古人遗址，比如辽河流域、黄河上游及中下游的许多地方，都发现了具有驯化特征的粟。

虽然粟的驯化比黍难，但是一旦驯化成功，古人就享受到了粟的好处——产量更高。只要水肥条件跟得上，粟比黍的产量高。粟逐渐取代黍，成为古人粮仓里的第一主粮。

粟最开始也种植在山谷地带，一些中国古代传说甚至留下了一些种植线索。比如古书里谈到中国的“农神”——神农氏的时候，说“神农城在羊头山，山下有神农泉，即神农得嘉谷之所”，“神农作，树五谷淇山之阳，九州之民乃知谷食，而天下化之”。这里所说的谷物，主要是指粟，传说中神农氏把粟种在山坡上，这应该是对古人早期种植粟的描写。在先秦时代，古人常用“社稷”一词比喻天下，“社”就是土地之神，代表国家疆土；“稷”则是优质的谷子——粟，是当时国民的粮食根本。

栽培粟出现之后，黍的农业地位相应下降，不过它在北方仍然长期居于粮仓中的次席，是重要的辅助粮食。黍影响至今的一个重要贡献是，它定义了中国古代乃至当代的长度单位——尺。秦始皇统一天下后，要统一度量衡，于是选择中等大小的黍粒，用横排 100 粒的长度定义了一尺的标准，再用一尺为单位，制作成装粮食的斗，进而统一了质量单位，甚至还用尺这样的长度单位辅助制定了阴历。

你看，我们仍然生活在由黍厘定的世界之中。

另一种起源于中国北方的重要农作物是菽，也就是我们通常所说的大豆。与粟、黍这样的谷物粮食相比，菽胜在富含蛋白质、脂肪、维生素和矿物质，相同质量的大豆的蛋白质含量是前两者的六七倍。与其他豆科植物类似，大豆的主根和旁根上生有根瘤菌，能够利用空气中的氮元素合成蛋白质。因此，大豆对于狩猎获得动物蛋白不足的古代人群具有非凡的意义，起码他们能够从大豆中获得大量植物蛋白作为营养补充。

菽的驯化可能比粟还要晚，驯化的时间、地点还没有搞清楚。野生大豆广泛分布于从东北大兴安岭到西南云贵高原的地区。在甲骨文中，出现了“受菽年”与“受黍年”同时占卜的现象，说明古人对这两种农作物的种植和收获季节相近，暗示了菽可能与黍的驯化区域相近。因此有学者推测，在北方的燕山山脉附近的山地、盆地等光照好的区域，可能是栽培大豆的起源地。

到距今约 4 000 年前，中国北方的辽河流域、黄河流域乃至南方的长江流域，都出现了由野生大豆驯化而来的栽培大豆。之后甚至还产生了原始榨油的技术，说明古人已充分认识到了大豆的营养价值。

黍、粟、菽都起源于中国北方，它们的读音甚至都很接近，这不禁让人猜想，这样的读音在远古时代可能是古代人群对于可食植物或植物籽粒的一个统一的称呼，随着这些植物依次被驯化，它们的读音才略有分化。

在新仙女木期及之后出现的温暖期，“环球同此凉热”，欧亚大陆的气候变化可能是类似的。因此，在中国北方驯化出可以填饱肚子和增加营养的黍、粟、菽后，农作物迅速地从中国向外传播。

英国考古学家在距今约 7 000 年前欧洲地区从黑海西岸到东欧和中欧的 20 多个不同地点，都发现了黍的遗迹。毫无疑问，这是中国驯化的黍向西传播的结果。

粟的传播紧跟黍的脚步，欧洲地区发现的最早的粟的实物证据的年代在距今 5 000 年前，在距今 3 000 年前粟的种植有明显增加。粟可能是通过欧亚大陆的草原带，经过今天的黑海沿岸进入欧洲的。粟还向东传播到朝鲜半岛和日本列岛，比如韩国的一处遗址出土了粟，经过年代测定，距今约 4 500 年；日本北海道距今 4 000 年前的遗址中也出土了粟。粟甚至向西南传播到了遥远的古印度。有语言学家发现，古印度梵文中的粟的读音“Cinake”，也用于指代中国。粟可能是通过中国西南的横断山区的河谷，经过喜马拉雅山南麓走廊传播到古印度的。

所以，黍和粟不仅填饱了中国北方古人的胃，还填饱了广大欧亚大陆乃至周边岛屿上的人们的胃。既然民以食为天，有了充足的粮食才有文化与文明，那么中国的黍和粟的西传，算不算 5 000 多年前东亚对于西方文明的巨大推动呢？

水稻：亚洲的第一缕米饭香

东亚对于世界文明的贡献，怎么能少了南方古人的智慧结晶——水稻？

关于水稻的起源地曾经众说纷纭。最早关注这个问题的西方学者发现，西方各种语言中“稻”这个词汇的源头来自印度梵文，而印度恰好是野生水稻分布比较多的地区，因此他们猜测印度是水稻的起源地。随后东南亚和中国境内也发现了大量的野生水稻，学者们的视线又转移到这些地方。20 世纪 50 年代，学者们提出水稻最初的驯化地点可能在东南亚，因为那里动植物种类繁多，有大量的野生水稻可以用于筛选和杂交试验。

以上观点都受到了质疑。正如我们前面谈到的原理，自然环境优越、生存压力小的区域，不会是农作物诞生的首选地。南亚和东南亚动植物资源十分丰富，从事渔猎采集的古人没有太大的动力去驯化植物，并从事更为辛苦的农耕。只有在农作物经过漫长驯化，产量已经足够高后，传播到这些地区，那里的古人才有动力去种植。

不论是从理论探讨，还是实际的考古挖掘，最终学者们探索水稻起源地的目光投向了中国的长江流域。20 世纪 90 年代，考古学家在湖南北部发现了城头山遗址，遗址附近发现了距今约 8 000 年前的人工栽培稻，以及稻田的遗迹，遗迹中有水坑和水沟等原始灌溉系统，这可能是灌溉设施完备的最早水稻田。

此后的考古发现更加令人振奋，在江西北部仙人洞、吊桶环遗址，发现距今 12 000 年前的野生稻植硅石和距今 10 000 年前的栽培稻植硅石证据，说明上万年之前那里的古人就在进行水稻的驯化活动。2004 年在湖南的玉蟾岩遗址，还发现距今 1.8 万—1.4 万年前的驯化水稻的证据，这是目前所知世界上最早的稻谷遗存。

所以，如今的学者们基本认定，中国南方是水稻的起源地。

栽培水稻主要分为两大类——籼稻和粳稻。籼稻适合生长于南方湿热地区，今中国长江流域及以南地区以种植籼稻为主；粳稻适合生长于北方干凉地区，今中国黄河流域以及更北方的东北地区，是粳稻的主要产区。植物学家通过水稻的基因分析，认为最早出现的水稻是粳稻，比如在浙江河姆渡遗址中发现的距今 7 000 年前的古水稻，经过基因对比，与绝大多数粳稻基因接近，说明我们的南方古人最早是吃粳稻的，也就是类似今天东北大米的原始品种。稍后，很可能是在古印度的恒河平原，开始了籼稻最初的驯化过程，当地距今 7 000—5 000 年前的遗址中出土了古人消费稻米的证据；然后，中国的粳稻品种传播到了古印度，与原始的籼稻进行了杂交，改良了后者，使籼稻最终完成了驯化过程。

与北方黍和粟的漫长驯化过程类似，南方的水稻也经历了数千年的驯化过程。今天的江浙地区是中国古代早期文明的诞生地之一，那里的水稻驯化体现了古人与水稻之间相互依赖、协同发展的历史。

距今约 10 000 年前，浙江有一个上山文化，植物学家从遗址里筛选样品，仅仅发现了两粒炭化的米。不过在当时古人制作陶器的陶土里发现了掺入其中的稻壳，古人把稻壳加入陶土中，可能是为了减小陶土的黏性，以免烧制时陶器破裂。从他们制作陶器的工艺以及焚烧稻壳的灰烬遗迹中，我们可以推测，在万年之前，水稻对于那里古人的生活已经不可或缺，他们不仅采集水稻籽粒，而且还对稻壳加以利用。

不过在上山遗址中并没有发现明确的农耕工具，那里出土的一些大石片，能够当成石刀或者石镰使用，可以收割田野里的野生水稻。古人可能也开始了耕种水稻的尝试，只是这种活动可能还比较原始。

上山文化之后，距今 7 000—6 000 年前，浙江东部平原上的河姆渡文化兴起，植物学家在不同的遗址中找到了大量的植物遗迹，里面就包括水稻籽粒。植物学家对发现的水稻籽粒进行了鉴定，发现在河姆渡文化早期，即距今 6 900 年前，栽培水稻所占的比例不到 30%；到距今 6 600 年前，栽培水稻所占比例接近 40%。从这些数据，我们可以看到古人正在努力提高自己的水稻种植水平，但是在当时，他们的栽培水稻还无法取代野生水稻。

当时与水稻竞争食物地位的植物很多，考古学家在河姆渡文化遗址中发现了大量其他可食用的野生植物，如菱角、栎果、芡实、柿子、猕猴桃等，特别是富含淀粉且容易储藏的栎果。遗址中有很多栎果的储藏坑。这说明距今 6 000 多年前，水稻农业还不发达，水稻只是古人的粮食之一，产量并不高。

中华大地什么时候才算真正进入水稻社会呢？

浙江余杭，一座宏伟的良渚文化城池展现在世人面前。这座巨大的古城内外共有三层：外面一层是外郭，面积达 8 平方千米；向内第二层是内城，面积约 3 平方千米，城墙周长 6.8 千米，墙基宽 20~145 米，全部用大卵石堆叠而成，墙体则用黄土堆积；内城的中心是宫殿，宫殿基址是一个规整的长方形高台，台高约 10 米，东西长达 670 米，南北宽达 450 米。在这座城池外面的北方和西北方，古人用 11 条草裹泥包垒砌的防洪大坝，构筑了大型的水利工程，保护着城池免受洪灾侵扰。

这座城池揭示了江浙地区一个高度发达的古老文化——良渚文化。

良渚文化广泛分布在环太湖地区，年代为距今 5 200—4 300 年前。考古学家明显感觉到，那个时期江浙一带的文化遗址数量大增，反映出人口大幅增长。发掘良渚古城的考古学家估计，仅修建古城中心的莫角山高台、内城墙和外城墙以及周围的大型水利工程，就需要约 1 200 万立方米的土方量。如果简单地以每人每天 1 立方米的土方工作量计算，大约需要 3.3 万人不间断地劳作一年。如果按照 1 万人每年劳作 200 天计算，整个工程建设时间需要 6 年多。

一个 5 000 年前的古代社会要完成如此巨大的工程量，必须有足够多的劳动工人，而且还要有大量的粮食和其他生活用品的供给，这就需要非常多的农业人员和手工业人员。

只有发达的农业，才能支撑良渚文化和良渚古城崛起于东方。良渚文化的根基，正是稻作农业。

植物考古的新发现证实了良渚文化时期稻作农业生产水平的高速发展。例如，属于良渚文化的茅山遗址古稻田，由灌溉水渠和田埂分割成长条形田块，每个田块面积 1 000~2 000 平方米不等，古稻田总面积达 56 000 平方米，折算为 84 亩。再如，人们在莫角山高台边缘发现了一个大型灰坑，坑内出土了数量惊人的炭化稻米，估计原本是一处储存粮食的粮窖，后来发生了火灾。经过测算，粮窖内的炭化稻米在未被炭化之前的总质量约达 13 吨。从位置上看，这个粮窖可能是上层人物的仓储，这次火灾真是损失惨重。

良渚文化的繁荣，表明中华大地经过漫长的水稻筛选和栽培过程，在距今约 5 000 年前终于进入了稻作农业阶段，水稻成为当时良渚社会的主导粮食品种。南方古人以稻米作为他们的主粮，并辅之以其他动植物食物。

水稻起源于中国南方，以此为中心向外辐射，向南传入东南亚和南亚，向东被先民们携带渡海，进入日本列岛和朝鲜半岛。其实，水稻在长江中下游与钱塘江流域驯化的过程中，就开始向四面八方传播了。考古发现，最迟在距今 7 000 年前，水稻种植就已经越过黄河流域，在黄河下游地区扎下根来。到距今 5 600 年前，水稻甚至打入了北方农作物黍和粟占据的陕西关中地区，那里的古人形成了黍、粟、稻兼作的种植模式。

水稻也是本章开头提到的贾湖遗址古人的食物来源之一。贾湖遗址中筛选出了大量的炭化植物籽粒，其中就包含水稻籽粒，总计有 400 余粒。这说明在今河南中南部这样的中原地区，古人已经借鉴长江流域的经验，尝试采集和种植水稻。

作为八九千年前的古人，贾湖古人的粮食获取方式与南方的河姆渡古人比较像。贾湖遗址出土了许多菱角、莲藕、栎果、大豆等。但贾湖古人能够悠闲地吹奏骨笛，还要归功于他们卓越的渔猎能力。贾湖遗址也出土了大量的鱼骨和软体动物甲壳，这说明他们的渔业很发达。考虑到他们的植物性食物还包括莲藕和菱角等水生生物，可以推断贾湖古人的生活方式应该是“靠水吃水”，当时他们的生活环境中水面应该很大，可以给他们提供大量的水生动植物资源。

别忘了，贾湖骨笛可是用丹顶鹤的翅骨制作的，丹顶鹤也喜欢在河湖边起舞弄清影呢。

贾湖古人的生活一定是很惬意的，至少在很多岁月里是食物比较充足的，这不仅让他们“仓廪实而知礼节”，创造吹奏艺术愉悦自己，还让他们可以用多余的粮食饲养家畜，比如猪，另一种起源于古老中国的食物。

猪和狗：古人最好（吃）的朋友

中国古代最早的家猪骨骼就是在贾湖遗址出土的，可能在距今 8 500 年前，贾湖古人就开始饲养猪、吃猪肉。从狩猎自然界里的野猪到饲养家猪，同样是漫长的过程，古人需要跨过几个关键的门槛。

驯化野猪，首先是出于对肉食的需求。古人长期依赖狩猎为生，已经习惯了吃肉，吃的可能主要是鹿肉和野猪肉。随着他们的人口增长，在某个地区长期居住，周边的大型动物被大量猎取后，通过狩猎已经无法满足古人吃肉的需要了。于是，古人捕捉到幼小的野猪后，尝试把它们养大后再杀掉吃肉。其次，古人必须有足够多的粮食，除了满足自己的粮食需要外，还有一定的剩余，可以用于饲养家猪。这就意味着古人的农作物种植技术已经足够高超，能够稳定地达到相当多的产量。因此，驯化野猪必然是在农业得到一定发展后才出现的。此外，猪是一种杂食动物，对饲料的要求不高，这也是古人能够很早驯养猪的重要原因。

考古学和遗传学的证据都表明，东亚地区的古人曾经进行过驯化野猪的活动，而且可能还不止一次地驯化。北方以贾湖遗址的家猪为代表，南方以稍晚一些的跨湖桥遗址的家猪为代表，似乎表明中华大地在距今 8 000 年前分别在黄河流域和长江流域出现了家猪饲养。

动物学家采集了很多黄河流域的古代猪的基因样本，分析它们之间的亲缘关系。结果发现，黄河流域的古代猪可能是从单一的驯化中心起源的，考虑到黄河上游地区的家猪驯养晚于黄河中下游地区，可以推断北方家猪的起源地可能在黄河中下游地区，也就是包括贾湖遗址在内的中原地区。在距今 8 000 多年前驯养家猪后，黄河流域兴起了养猪热潮，到距今 6 000

多年前，家猪提供的肉食在古人肉食资源中所占的比重越来越大，甚至可以占到80%。

养猪是门大学问。北方古人在养猪方面的经验也是不断积累的。从遗址中的猪骨分析发现，在距今8 000年前，被宰杀的猪大概在半岁到一岁，古人急于吃掉小猪；到距今4 500年前，被宰杀的猪都在一岁或者更大一些了。在当时的饲料条件下，养到一岁的家猪的产肉率是最高的，也就是饲料转化率高，而年幼的猪长肉太少，年长的猪长肉变慢，都程度不等地浪费了饲料。

那么，当时的家猪会与人类“争食”吗？它们骨骼里的碳同位素透露了相关信息。古人靠采集获得的植物性食物，很多都是所谓的碳三植物，而靠种植获得的粟和黍等食物，是碳四植物。在距今4 000多年前的一处遗址中出土了人骨和猪骨，科学家通过分析发现，当时的人和猪都吃大量的碳四植物，所以人和猪都是以粟、黍为食的。更大的可能是，人吃小米和黄米，喝小米和黄米酿造的酒；猪吃小米和黄米的谷壳，还有糟糠——酿酒剩下的残渣。

但是在长江流域，家猪并没有得到古人的追捧。虽然在距今7 000多年前南方古人也开始饲养家猪，但他们似乎是有一搭没一搭地养猪，没有把养猪当成生活中的重要事项。在距今7 000多年前到距今5 000年前的南方古人的遗址中，出土家猪的数量始终很少，他们的肉食需求主要依靠捕获鹿这样的野生动物来满足，或者捕捞河湖中的鱼类、贝类进食。在距今

5 500—5 100 年前的长江三峡一处遗址中，墓葬中的一位女性的双臂下面各放了一条大鱼，鱼长半米左右，几乎与死者的手臂一样长。这种以鱼作为随葬品的现象并不少见，说明当时的南方古人更为注重鱼类资源。饲养家猪，很可能也有丰富饮食的因素在里面，并不完全是因为肉食缺乏。

5 000 年以前古老中国“南鱼北猪”肉食格局的形成，应当是自然环境造成的。北方的河湖比南方少，而且冬季会结冰，因此黄河流域的鱼类资源相比长江流域少很多。还有一个可能的原因是，北方古人对黍、粟的驯化较为成功，粮食产量上来了，而同时期南方古人对水稻的驯化还在路上，粮食没有太多剩余，因此影响了南方养猪活动的发展。

不过“南鱼北猪”肉食格局随着良渚文化的崛起而一举改变了。在良渚文化遗址中，家猪骨骼在出土的动物骨骼中突然占据了多数，这说明良渚古人进行了长时期、大规模的养猪活动。良渚文化兴旺的稻作农业给养猪提供了饲料基础。良渚古人如此热衷于养猪，说明他们有大量的人口聚集在居住点附近，从良渚古城巨大的工程量就可以推测，大量的管理人员和劳动人员长期聚集一处，周边环境已经无法提供足够的肉食，依靠捕捞鱼类和贝类满足不了人们的需要，所以才选择了饲养家猪。

在远古时代，良渚文化其实是南方地区的一个特例，是在南方水乡泽国的环境中一次“人定胜天”的史前时代大跃进。良渚古人最大限度地种植水稻，获得尽可能多的粮食，养活大量的人口，并饲养家猪作为肉食改善营养，以完成巨大的建筑工程。

他们如此热衷于建设城池、房屋和水坝，是与他们神秘的信仰相关的。考古学家从良渚文化中能够感受到良渚古人有着较为狂热的信仰，他们不想建设什么威震四方的“王国”，而是梦想建设一个地上的“天国”，信仰驱动着他们执意要超越自身的时代，登峰造极。

所以，良渚文化有着“前无古人，后无来者”的悲壮感。从良渚文化衰落后当地兴起的马桥文化来看，长江流域、钱塘江流域的南方古人又恢复到了良渚之前的文化状态，以捕鱼和打猎作为自己获得肉食的方式，他们几乎不再养猪，不再雕琢精美的玉器，他们的社会结构比良渚文化简单得多，就好像良渚时代从来没有出现过一样。南方地区再现类似于良渚文化这样的“巅峰时刻”，恐怕要等到春秋时期的吴越争霸时了，那是公元前 500 年前后，距离良渚文化衰落已经过去了约 1 800 年。

离开良渚，让我们放眼全球，进一步了解猪与人的不解之缘。对猪的基因研究表明，中国古人与猪的故事可能比贾湖遗址的时代还要早。对亚洲各地家猪和野猪的基因分析表明，所有这些猪可能有个共同的祖先，这个祖先是在东南亚的湄公河流域被驯化的。然后，那里的猪分别向西北方向和东北方向扩散，就这样进入了今天的中国境内。猪的扩散路线，与我们在上一章描述的现代智人进入中华大地的路线很相似，都是分别从沿海和内陆几路向北进发的。所以，中华大地上最初的驯化猪可能是由现代智人从东南亚带来的。

需要注意的是，全世界的野猪和家猪的差别并不大，彼此之间可以杂交。如果按照生物学的定义，严格来说，能够杂交产生有繁殖力的后代的动物，就不能算是两个物种。所以，家猪和野猪的区别，只能算是一个物种下的亚种的区别，家猪只能算是不那么野的“野猪”。当现代智人带着驯化猪不断迁移的时候，他们的猪会跑到野外变回野猪，他们也会沿途捕捉野猪与驯化猪杂交，让野猪的野性减弱。如此复杂的杂交状况，让后世的生物学家很难说清家猪到底是在哪里被驯化的。虽然他们一般认为，世界上可能有 6 个家猪驯化地点，中国的长江流域和东南亚的湄公河流域都是其中之一。

所以，家猪的进化过程有点儿符合第一章谈到的古人类连续进化附带杂交假说。总的来说，欧洲家猪是欧洲野猪驯化而来的，而亚洲家猪则是亚洲野猪驯化而来的。然而，例外的是，从中国广西发现的古猪的基因来看，它与欧洲的古猪比较接近，与亚洲的古猪关系较远。古人与猪的故事，真够混乱的。

让我们把关系混乱的猪放到一边，来看一看同样起源于中国、关系相对简单的另一种动物——狗。

狗是人类的好伙伴之一，它们显然是从自然界中的狼驯化而来的。这两种动物很相似，但从基因上分析有明显的不同之处。狗和狼都喜欢吃肉，给它们一块猪肉，它们会摇着尾巴愉快地吃掉；给它们一块土豆，狼会对这种食物不屑一顾，狗则仍然会把这种富含淀粉的食物吃下去。这并不是因为狼自视清高，不吃土豆，而是因为基因决定了它无法消化淀粉。

通过对狗和狼的全部基因组进行比较，科学家发现，在狗的基因组中，至少有三个与消化淀粉有关的基因，都是狼所没有的。其中一个基因负责合成一种能把淀粉分解成单糖的酶，没有这种酶，动物就无法消化淀粉。

所以，我们有理由猜测，只有那些进化出了消化淀粉的基因的狼，才最终变成了狗。沿着这条线索，我们就能够揭示出人类与狗结缘的故事。

中外科学家找来了亚洲、非洲、欧洲的 1 500 多只狗，对它们的基因进行检测，探寻狗的起源问题的答案。基因对比发现，狗这个物种最早可能出现在中国长江流域的南部，时间大约在距今 1.6 万年前。这种特殊的狼可能是被古人采集的植物性食物吸引到居住点附近，从而被古人俘获的。最早被驯养的狗并不是作为猎犬或是住所护卫，而是被古人当成了一种食物来源，那些最初的狗是用来吃的。

今天善良的狗主人们请不要对这个现象感到愤怒，大家要想一想，如果我们饥饿的祖先吃不饱肚子，提前夭折，也就不会有我们这些后代生活在地球上了。此后，当万年之前南方地区水稻种植开始兴起时，古人有了更多的植物性食物来喂养狗，因此那时就有更多的狗被古人吃掉了，也有更多的狗生活在地球上了。

考古学家发现的中国境内最早的家狗骨骼出土于河北中部，距今万年之前。贾湖遗址也出土了家狗的骨骼，个头很大，这在一定程度上印证了狗最早是食物的观点，古人选择饲养那些肉多的狗并吃掉它们。

作为一种土生土长的本地起源动物，狗在远古中国广泛分布，在距今 5 000 多年前就已经分布在从东北地区到青藏高原的广阔土地上。随着与人类的关系越来越密切，狗的习性也变得越来越温顺，它们除了作为肉食，也有了看家护院的职责。狗在人类社会里的命运终于开始改变了。

农耕乐土，爰得我所

黍、粟、菽、稻、猪、狗……在新仙女木期的寒冷结束后，华夏祖先如同“开挂”了一般，在开启农业时代之初，出手就是一连串的“王炸”，迅速奠定了中华文明未来几千年的农耕社会底色。世界上没有任何面积等大的其他区域，在古代农业的规模和技术上能够与中华大地媲美。

这片农耕乐土出现在人间，出现在中华大地，要归功于天时、地利与人和的协奏。

所谓天时，就是“仰韶温暖期”，国际上的说法是“全新世大暖期”，由于这段时光是中国考古学上的前仰韶文化时期、仰韶文化时期、龙山文化时期和夏文化时期的阶段，学者以

"仰韶"来描述中国的这段温暖期，其实温暖期的时段远比仰韶文化时期漫长。熬过寒冷的祖先们遇到了一段长时间的温暖气候，可以让他们从容地积累和交流农业技术与农业物种。

在距今 8 000—3 000 年前的 5 000 年里，全球沐浴在温暖的阳光中，其间虽然偶有降温，但很快又会恢复和煦。而且中国是这次全球温暖期中升温最高的区域之一。根据黄土高原、河北、青海、内蒙古、辽宁地区的植物孢粉沉积情况，气候学家判断距今 8 500—7 200 年前这些地区的平均气温比今天高 2~4℃。之后的距今 7 200—6 000 年前是仰韶温暖期中稳定的暖湿阶段，各地气候普遍暖湿，季风降水波及全国，植被生长空前繁茂。

所谓地利，就是适宜农耕的黄土高原。黄土高原位于中国山西、陕西、甘肃、宁夏等省和自治区，总面积达 40 多万平方千米，其上覆盖着厚达百米的黄土层，厚厚的黄土是最近两三百万年由西风吹来的。由于青藏高原的隆起阻断了东南季风深入内陆，中国西部以及中亚地区变得干旱，这些地区又恰好位于北半球的西风带，因此西风把细小的沙尘吹向东方，在今天黄土高原的位置沉积下来，日积月累，就形成了黄土高原。

黄土均匀、细小、松散、易碎，有机质含量高，并有良好的保水性，具备"自我加肥"的性能，这片高原对最初的一批华夏农民来说真是一块宝地。最开始的农耕是刀耕火种模式，农民开垦出一块地，耕种一年后休耕，换另外的地块种植，否则土地肥力会下降，土质会变差。而黄土高原的土壤只要保持好水土，就不存在肥力下降的麻烦。而且在仰韶温暖期开始的时候，气温比今天高，当时黄土高原的自然环境很优越，大量植被覆盖地表，水土流失并不严重，非常适合黍、粟、菽这些旱地作物的连续种植。

所谓人和，就是我们的祖先以自己的智慧对工具的革新、对各种野生品种的驯化。前面我们已经领略了他们对于植物与动物资源的驯化，这个过程中也伴随着生产工具的进步。农业刚开始的时候，他们以传统的石斧砍伐树木，用石铲松整土地，使用石镰收割野生和驯化的农作物，使用石磨盘、石磨棒把采集的果实和收获的籽粒磨碎。这些工具是沿用自渔猎采集时代的用具。为了适应农耕的需要，他们对石器进行改进，比如制作出椭圆形的斧以及穿孔斧、穿孔铲等复合式农具。他们还发明了新的挖土工具——耒耜。耒耜由采集时代挖掘植物根茎的尖木棍发展而来，后来发展成类似铲子的模样，是中国古代最流行的农业生产工具，在青铜时代到来之前，一直是华夏远古农民的重要工具。

天时地利人和，仰韶温暖期的各处遗址出土的大量粮窖告诉我们，祖先们的粮食越收越多了。他们不再像渔猎采集时代那样四处游走寻找食物，而是能够长久地定居，守住自己的一方水土惬意生活了。相对于渔猎采集时代，中华大地上的人口出现了爆炸式增长。

学者曾经估算仰韶温暖期黄河中下游地区的人口规模，这个区域大概包括今河南省、山西省、山东省和陕西省的全部或大部分面积。距今8 500—7 000年前，也就是粟、黍等农作物和猪、狗刚刚被驯化不久，黄河中下游地区的人口大概只有20万~30万。当然这个人口数量可能也已经比渔猎采集时代高一个数量级了。

到距今7 000—5 000年前，也就是仰韶温暖期最为暖湿宜人的时候，黄河中下游地区的人口可能先是突破了100万大关，然后又逐步增加到200万左右，比起之前又增加了一个数量级。在这个时期，以彩陶为标志的仰韶文化开始风靡中国北方。

在接下来的距今5 000—4 000年前，北方旱地农业已经相当成熟，黄河中下游地区的人口再次翻番，可能达到了400万~7 00万的规模。到这个时期，似乎有来自几个方向的文化都向中原地区辐射。以东北方为基地的红山文化越过燕山山脉，向中原扩散；正北方向内蒙古中部的文化越过阴山山脉，向中原挺进；以西面的陕西为基地的仰韶文化越过黄河，向中原扩散……

这种文化汇聚的现象，让学者们不禁联想起中国上古神话中黄帝、炎帝大战蚩尤的传说。不论上古传说与真实的远古文化有几分吻合，此时中国北方大地上呈现出的文化景象就是——逐鹿中原。

逐鹿中原的参与者，与其说是来自各方的人群，不如说是来自各方的远古文化。进入农耕时期后，大地上的人口增长了至少两个数量级，大量的民众开始定居生活，人口密度很大，而且形成了许多繁荣的聚落。如果说农耕时期之前我们的祖先处于基因流动时代，那么现在我们的祖先更多地处于文化流动时代。逐鹿中原并不是携带不同基因的人群向中原汇聚，而是不同地区的远古文化向四周扩散，包括向中原扩散。这种扩散当然也是通过人员之间的交流实现的，但并不是像农业开始之前空旷大地上的人群迁徙，而是不同人群都有着相当多的人口，有着相当多的物产和文化产品，人群与人群间的交流更为频繁，他们通过馈赠、贸易等方式，输出自己的文化和技术，输入别人的文化和技术。

与北方地区人口爆炸式增长、各种文化逐鹿中原相对，南方地区似乎渐渐落在了后面。除了前面谈到的良渚文化这个特例外，南方地区整体上处于不温不火的缓慢发展之中，一副“小邦寡民”的模样。

在基因流动时代，南方曾是蓬勃发展的先行者，是携带不同基因的各种人群积蓄力量的摇篮、向北方扩张的始发站。进入农耕时期后，为什么南强北弱的势头出现了反转，变成了南弱北强呢？

答案可能要从地理环境中寻找。南方气温比北方高，自然环境中动植物资源丰富，遇到冰期受到的冲击也小，因此在农业出现之前，南方更适合从事渔猎采集的古人生存。农业出现后，尤其是在北方地区以粟、黍、菽等农作物构成的旱作农业发展起来后，南方相对于北方的生存优势就消失了。

即使手握驯化出的水稻，与拥有容易开垦的黄土土壤、大片可以耕种的平原的北方相比，南方的农耕也劣势明显，比如：土壤多为紧密的黏土，植被太多遮盖土地，在青铜时代到来前，用石制工具开垦南方田地比北方困难；山岭密集，河网纵横，分割了原本就不多的可耕种平地；降雨量大，容易出现洪涝灾害；缺乏连片农耕区做物质基础，南方孕育的文化在规模上无法与北方的文化相比；水稻田的高产对于农业技术的要求更高，从育苗到收获，南方农民需要掌握平整水塘、修建水渠、维护田埂等一系列技术……南方相对于北方的再度崛起，至少要等到公元后几百年了。

农耕时代的来临，从基因方面给古老人群带来了两个变化。

其一是农业人口的基因逐渐占据了人类基因库的主流，凭借粮食养育的更多人口，原本狩猎采集者基因型一统天下的世界，转变为农民基因型越来越成为世界的主流、大众，狩猎采集者基因型越来越成为末流、小众。

其二是虽然农业人口增加了，但是人群之间的基因交流并没有相应增加，至少在农耕时代的早期如此。一旦从漫山遍野暴走的狩猎采集者变成了俯身默默耕耘的农民，大量古老人群越来越倾向于定居生活，绝大多数人的日常生活就是围绕自己的一亩三分地打转转，除了自己所在的部落、村落外，几乎不再与远方其他人群发生关系。这种不完全的“生殖隔离”意味着，在仰韶温暖期时代，不同区域的农耕人群基本保持着自身的基因型特色，大规模的人群间基因融合，还要稍等一段时间才会降临到中华大地。

而站在距今 4 000 多年前的历史节点上，文化的初步融合远比基因的交流融合更为蓬勃。北方各路文化正纵横捭阖、群雄逐鹿，如同历史夜空中璀璨之群星。很快，来自北方的罡风即将呼啸而来，给中华大地制造一次凤凰涅槃般的巨变，我们的祖先将走向下一个新时代。

小贴士

人类是如何开启农业的

在古代，养活一个五口之家，需要多大的土地？那要看他们靠什么方式获取食物。

依靠狩猎获得食物，每平方千米土地大概只能养活0.001~0.05人，也就是说，从事狩猎的五口之家需要100平方千米的“狩猎场”。依靠农业获得食物，中国古代有个形象的说法——三十亩地一头牛，可以养活五口之家。30亩地相当于0.02平方千米。也就是说，农业人群所需的土地只是狩猎人群的万分之二。农业让人类能够获得的粮食大大增加。

农业的确有优势，但远古人群未必愿意选择当一个农民。毕竟，狩猎和采集并不是特别艰苦的谋生方式，狩猎采集者不需要太辛苦劳作，也不用养太多的孩子做帮手，他们只要经常迁徙到资源丰富的地区，就可以拥有不错的生活。一旦变成农民，就会在一个地方长期居住下来，养育比较多的孩子，辛勤工作，劳动成果还要受到干旱、洪水等各种自然灾害的侵扰，劳心劳力。

那么，为什么远古的一批人选择成为农民呢？他们可能是迫不得已的。在某个时期，狩猎采集者丧失了迁徙生活的能力，或者为了某个目的放弃了迁徙生活。

距今 1.2 万年前左右，地球上经历了一次寒冷的新仙女木期，动植物资源都明显减少。在西亚地区，很多部落在寒风中难以长距离迁移，只能就地扎根，生产自救。当时西亚地中海沿岸有一个纳吐夫文化，这批古人反复尝试驯化、种植野生麦类植物，希望从这些植物上收获籽粒补充自己短缺的粮食。随着寒冷的持续，他们每年都要驯化、种植野生麦类植物，这就是农业的开端，由龟缩在避寒地的古人们艰难地探索出了新的生产模式。

世界农业起源中心主要有三处：西亚-北非、东亚、墨西哥-南美安第斯山区。这些地区的农业萌发地并不是动植物资源最丰富的地带，它们基本上是半湿润半干旱的气候条件。在冰期来临食物短缺的压力下，相距万里的古人不约而同地从狩猎采集方式向培育动植物的方式转变，虽然播种之后需要等待收获，收获的粮食不多，而且营养也不如狩猎采集获得的食物，但至少收获量是基本稳定的，一分耕耘，就有一分收获。

这些坚强的古人熬过了寒冷的冰期，并在冰期之后迎来了海阔天空的农耕时代。

在亚洲西部，刚刚开始耕稼的农民们持续不断地同相邻的部落交换各种技术、知识、种子和饲养牲畜的经验。短短数百年间，在当地各处水源充足的平原和山脚，农耕村落的数量不断增长，并且形成了各种改良的小麦、大麦和山羊、绵羊的聚集中心。许多其他种类的作物也被迅速纳入古人的驯化计划。各种扁豆开始作为补充性的作物出现，在条件适宜的地方，橄榄、葡萄、无花果和椰枣也成为对人类有价值的作物，各种各样的绿色蔬菜和香料也为人类的食品增添了多样性与营养。人类还从亚麻植物中提取出纤维，进行纺织。

放眼全球，在中国的北方和南方，古人们驯化了粟、黍、菽和水稻；在美洲大陆，古人们驯化了玉米、甘薯、马铃薯、花生、烟草、辣椒、向日葵、南瓜、蚕豆等。此外，古印度人驯化了棉花，东南亚古人驯化了芋头，撒哈拉以南的非洲古人驯化了高粱、珍珠米、非洲米……

而且，一旦某种农作物被驯化出来，它就会被古人们快速扩散到远方适宜种植的地区，除非地理阻隔非常大。这是因为，在农业刚刚出现的时候，地球上有大量尚未耕作的肥沃处女地，首次种植农作物的产量会非常高，但是如果连年种植，土壤就会肥力下降、板结难垦。所以，我们的农民祖先们会在一块地上种植一季农作物后，就跑到旁边还未耕种的另一块地上去种植，把前面种过的地撂荒在一旁。

因此，冰期过后最早的那批农民从事的可能并非纯定居农业，而是迁徙农业，“打一枪换一个地方”，这就有利于某种农作物快速传播到远方。他们还放火烧荒，把丛林烧掉，露出可以开垦的肥沃土地。据估计，早期农民人均耕地可能是现在农民的 9 倍。当然，那时候的农民人数非常少，但他们到处放火种地的行为，释放了大量二氧化碳，很可能造成了大气中二氧化碳的一次显著升高，到距今 6 000 年前尤其如此。

有科学家猜测，冰期过后地球环境进入长达几千年的舒适的温暖期，一方面是自然原因使然，另一方面是人类放火开荒造成的。大气中二氧化碳的上升，又反过来促进农作物增产。科学实验发现，在二氧化碳升高的时候，大量植物的产量都升高，其中野小麦和野大麦的产量上升得尤其高。这就形成了“正反馈”——古人选择了产量高的野生农作物进行驯化，他们的开荒行为又进一步增加了驯化农作物的产量。

听上去农业起源与扩张的过程令人欣喜，但其实农业也给古人带来了烦恼，比如疾病。

定居的农业群体极易受到病菌、细菌的感染，因为他们不再像狩猎采集者那样经常迁徙，人们不得不同自己制造的各种废弃物密切接触，生活在更加肮脏的环境中。原本现代智人离开充满各种病菌的非洲热带地区，进入欧亚大陆气候宜人的温带地区时，他们受到病菌的危害减弱了，但是在他们从狩猎采集者变成了农民后，病菌危害又复燃起来。

再加上在驯化动物的过程中，他们与各种牲畜亲密接触，许多畜类疾病传播到了人的身上。比如基因研究表明，可能是长期以来对人类构成最为严重危害的病毒——天花，就是从阿拉伯骆驼身上传染给人类的。此外，还有各种流感、麻疹等，也都来自其他动物。

更典型的例子是肺结核。结核杆菌能够引发人类肺结核，这种传染病每年让全世界成千上万的人丧命。基因研究表明，最早的结核杆菌可能在几万年前的非洲诞生，不过当时对人类社会的威胁很小。今天流行的结核杆菌的共同祖先出现在大约 1 万年前，正好是农业诞生的时间。甚至在地点上，结核杆菌从西亚的新月沃地诞生，随着早期农民的迁徙和交流，也传播到世界各地。因此，人类农业社会的发展，不但让自己吃饱了肚子，还促进了结核杆菌的快速传播。

第四章

草原之路

激发东亚文明的传输宽带

这是一座中国史前最大的古城，面积超过了 400 万平方米，同时代的良渚古城也只能排在这座古城的后面。

这是一座三重城址结构的古城，方形的城墙内外三层，将城市分成了外城、内城和皇城台三部分。

这是一座建筑技术精湛的古城，城墙内实夯土，外砌石块，石砌墙体非常平整，连墩台拐角处都呈直角，堪称建筑杰作。

这是一座防御固若金汤的古城，城门结构复杂，包含内外两重拱卫城门的瓮城；城墙分布着凸出墙体的马面和角台，无死角地守护着城墙。

这就是石峁古城，4 000 年前屹立于今陕西北部神木境内。城池面积如此巨大且军事防御如此强大的古城，它的建造者是谁？它要防御谁的侵袭呢？

石峁疑云

石峁古城大概从距今 4 300 年前开始建城，延续了 300 年后遭到毁弃。古城刚好位于蒙古高原与黄土高原交界的山地区域，向北是绿色的无垠草原，向南是黄色的松软土地。这座古城神秘地未见于史书之中，因此要探寻石峁文化的来龙去脉，只能依靠考古发掘。

石峁文化与中华大地有着很深的文化联系，从其对玉器的推崇可见一斑。石峁遗址的城墙墙体里镶嵌着各种玉器，比如玉铲、玉璜等，这并不是谁心血来潮的恶作剧，而是建造者精心地把雕琢好的玉器成品插入垒砌石块的缝隙中。在石峁文化的墓葬中，也出土了玉器陪葬品。我们知道，中华大地上的古人很早就孕育了玉文化，早期他们把玉器作为与神灵沟通的物品，从东北地区的红山文化到东南地带的良渚文化，崇玉的传统一直非常浓郁。石峁文化显然也根植于中华大地的文化土壤之中。

同时，石峁文化又充满了军事和暴力的色彩。他们把玉器镶嵌在城墙里，这确实表明他们对玉文化的崇敬，同时他们的目的也非常鲜明：借助玉请来神灵，保护自己的城墙稳固不破。此举有着强烈的军事防御的目的。

石峁遗址中已出土几处彩绘几何纹壁画，均发现于城墙或城门上，据此可以推断它们是用来装饰城墙的。这些壁画年代并不相同，可能为不同时代翻修城墙时所留下的。壁画以白灰面为底，以红、黄、黑、绿等颜色绘出几何图案。更令人惊叹的是，这些彩绘壁画已经使用了起稿线。起稿是壁画绘画中的一种工艺，就是在正式作画之前的一种轻描的图案。此前国内已知最早使用起稿线的壁画是在唐代壁画里发现的。而石峁遗址中发现的壁画，是在公元前2000年左右绘制的。也就是说，这次发现一下子就把唐代先进的绘画技术的诞生时间往前推了几千年。

抛开艺术价值不谈，石峁古人为什么要在城墙上彩绘壁画？难道只是为了美化居所、赏心悦目吗？当然不是，城墙上的壁画与城墙里的玉器的功能是类似的，石峁古人通过壁画表达自己的某种愿望，这愿望可能也是与增强军事防御相关的。

更为可怕的发现是以人为祭祀品。考古学家在石峁古城外城东门城墙附近清理出两处遗迹，每一处遗迹里面集中摆放着24具头骨。经过鉴定，这些头骨以年轻女性居多，上有明显的砍斫和灼烧痕迹。考古学家认为，这些悲惨的死者可能与城墙修建时的奠基活动或祭祀活动有关。此外，在城址夹道间、城墙通道上、地表活动面上，也发掘出了数十具头骨，他们应该也是作为牺牲之用。石峁古人通过这种血腥的献祭活动，再次祈求神灵能够保佑城池永固。

4 000多年前的黄土高原北部边缘，是粟、黍、菽这些旱地作物生长的好地方。石峁古城周边的农耕水平已经比较发达，支撑起了石峁文化的繁荣，让石峁古人有充足的人力和物力修建巨大的城池，积累各种财富。重重防御的城池，也表明石峁的财富面临着非常危险的周边势力的觊觎，战争和侵扰可能比较频繁。那些被杀死作为牺牲的人，很有可能来自通过战争劫掠的人员。

坐拥石峁古城展现出的强大实力，石峁古人到底面对着什么威胁，令他们即使躲在牢固的城墙内也寝食难安呢？

威胁可能来自四面八方，但是能够和敢于突袭石峁古城的人群，最大的可能来自北方草原。

马：我从草原来

人类所驾驭的马属于家马，来自对自然界的野马的驯化。与上一章所说的狗的命运类似，远古人类一开始只是把马作为一种食物来源，他们要么采取集体围猎的方式捕杀野马为食，要么在其他猛兽杀死野马时集体出动，赶跑猛兽，夺取野马肉。

考古学家在中国山西北部的一处远古人类遗址发掘出大量的野马骨骼，发现几万年前的北方祖先们就捕猎野马。在冰河时代，他们不仅具备了大规模捕猎野马群体的能力，而且能够有所选择地只捕猎壮年野马，因为壮年野马的脂肪和肉量比较多。

随着农业和定居的出现，古人在粮食充沛的日子里，偶尔捕捉到的小马也就不急于杀死吃掉，而是先养起来。久而久之，野马逐渐变成了家马。

最早的家马可能诞生于距今 6 000—5 500 年前，地点是中亚地区，考古学家在今哈萨克斯坦北部的遗址中找到了若干古老的烹饪器具，从中提取出马奶的成分；遗址中还出土了十几个马颌骨，骨头上有缰绳造成的损伤。这些发现表明，当时的古人已经有了饲养家马的牧场，并且长期饮用马奶，用力气很大的马来帮忙干活。

所以，家马应该是由中亚地区的野马驯化而来的。中国大地上曾经生活着一种普氏野马，在中国许多古人类遗址中都曾经出土这种野马的遗骸，范围从新疆西部到台湾海峡一带。考虑到普氏野马在历史上的广泛地理分布，以及欧亚草原史前人类的频繁活动，一些学者曾经认为中国早期的家马源自普氏野马。但是，古代家马与普氏野马的线粒体 DNA 分析表明，普氏野马与中国古代家马之间的亲缘关系很远，并不是中国古代家马的祖先。中国古代家马的母系基因来源复杂，说明它们的共同祖先生活在很早的时代。追根溯源，中国家马的祖先应该也来自中亚地区。

当野马变成了家马时，它们在人类社会中的命运就被改写了，而且它们的地位比由狼驯化而来的狗高得多。马的牵引力和驮力可以帮助古人大量运输物品，提高了古人的迁移能力。更令人欣喜的是马奔跑时风驰电掣般的速度，它让人类突破了自己身体的极限，拥有了迅速到达远方的能力。一开始，人类可能还不善于骑马，也缺少骑马所需的固定身体的装备，但是至少他们是可以骑在马背上长距离迁徙的。

最晚从距今 5 000 年前开始，广泛采用骑马进行移动的游牧群体就向欧亚大陆草原带的四面八方扩散，甚至冲出草原地带，进入农耕人群的世界。比如在家马刚刚出现不久的草原带西端的乌克兰地区，草原人群就开始与农耕人群交换他们的牲畜、兽皮和羊毛，并且很快，草原人群开始时不时地骑马突袭农耕社会的村镇，抢劫农耕人群的财物。

马、牛、骆驼等大型食草动物的驯化，给远古人类社会提供了一种新的生活方式——游牧。古人发现，他们可以借助驯化的动物在草原上生活，脱离或者部分脱离农耕生活方式。所以，游牧其实是从农耕社会衍生出来的，而不是从古老的渔猎采集方式过渡来的。毕竟，驯化大型动物是以农耕社会的粮食积累为前提进行的。

游牧主要分为两种形式。一种是纯粹的游牧方式，游牧人群整体赶着牧群在草原上逐水草而走，他们在一年中会在若干个牧场停留，最后又回到起点。有大型动物的帮忙，他们的活动范围可以变得很广阔，达到方圆数百千米。从蒙古高原到中亚草原，再到西亚和北非的草场，历史上大量的牧民是从事纯粹的游牧生活的。

另一种游牧方式是季节性游牧，人群中的一部分人仍然留在农耕村庄里，而另一部分人赶着牲畜活动，一般来说，他们只是在某个季节比如夏季赶着牲畜前往高山牧场，游牧只是他们谋生的手段之一，他们还会从事农耕、采集和其他副业。

让我们把目光拉回到华夏地区。在位于欧亚大陆东端的中华大地上，家马似乎是较晚且突然出现的。考古学家很早就发现，家马和马车在距今约 3 000 年前的商朝晚期突然大量出现，在包括安阳殷墟在内的河南、陕西、山东等商朝晚期的遗址中，出土了很多用于殉葬与祭祀的马坑和车马坑，里面也发现了马的遗骸。在商朝晚期之前的很长时段里，在距今 4 000—3 300 年前的遗址中，极少出土马的遗骸。更早的远古时期的马的遗骸，主要是作为食物的野马，并非家马。

而且，在欧亚大陆的西部，马车的演变有比较完整的发展过程，经历了从四轮马车到双轮马车、从实心车轮到辐式车轮、从牛拉车到马拉车的发展序列。但是商朝晚期突然出现的马车，直接就是有辐的双轮车，马车技术已经十分成熟。

种种迹象表明，中华大地缺乏把家马逐步驯化的过程，以及马车由最初发明到不断演变和完善的过程。这再次证明，家马的驯化和马车的发明都不是在中华大地进行的，商朝晚期出现的家马和马车应该是从外界输入的。

如果我们把视野放得更开阔一些，把中华大地的范围囊括到北方的草原，我们会发现，中国北方草原可能比中原地区更早接触到家马和马车。

比如内蒙古东南部的喀喇沁旗，在距今 4 300—3 600 年前属于一个较为繁盛的古老文化——夏家店下层文化的势力范围。考古学家在这里找到了这个时期的 4 匹马的马骨，基本判定都属于家马。从这些马的 DNA 分析，这里的马匹可能来源复杂，当时这里的古人可能与周边频繁进行马匹的交流活动。喀喇沁旗位于欧亚草原带的东端，向南越过燕山山脉就进入中原地区。携带着家马和马车技术的游牧人群在草原内不断扩张，估计到距今 4 000 年前左右已经扩张到了蒙古高原。

夏家店下层文化所处的区域应该比中原地区更容易接触到从中亚沿着草原带传播的家马和马车技术。

因此，我们可以有根据地回答前面的问题：石峁古城的建造者到底在防御谁？他们可能是在防御日益强大起来的草原上的游牧人群，游牧人群借助马车和马匹，经常快速突袭石峁文化的控制地区。

在验证这个回答时，基因技术再次展现了奇妙的一面。石峁古城不是出土了一些祭祀所杀的人的遗骨吗？学者们对石峁遗址出土的 76 具人头骨进行了 DNA 检测，并与当时其他区域的古人遗骨 DNA 进行对比，结果发现，这些死者与石峁内城区域的人群有明显的区别，这说明他们不是石峁古城的“自家人”。祭祀坑里的死者与夏家店下层文化的人群遗传关系比较接近，这说明他们的家乡在石峁的北方或者东北方的草原带。

石峁文化人群要么就是与东北方夏家店下层文化人群有激烈的冲突，要么就是与北方草原上的其他游牧人群有激烈的冲突，而那些游牧人群与夏家店下层文化人群在基因上是相似的，却与石峁文化人群的关系较远。祭祀坑中那些悲惨的死者，可能是石峁文化人群在战争中抓获的战俘，或者出击草原带劫掠回来的人员。现代基因技术虽然不能挽救他们的凄惨命运，但是至少可以让后人知道他们的家乡是哪里。

那么，石峁古城的“自家人”又是什么人群呢？基因分析表明，他们与当时盘踞在山西中南部的陶寺文化人群关系密切，这些人群应该都是仰韶温暖期中的农耕社会在人口不断膨胀、扩散后形成的各地文化人群。家马和马车技术在草原上的传播，给农耕人群培育了一个强大的对手——游牧人群。农耕人群与游牧人群在历史上的对峙和融合，将旷日持久，直到近代。

不论农耕人群还是游牧人群，在生物学上都属于人科人属现代智人种，都是走出非洲的智人祖先的后代，在智商和智慧上属于同一级别，因此家马和马车技术并不会只掌握在草原上的游牧人群手中。中华大地上的农耕人群自古以来就有拿来主义的传统，他们很快就打破了游牧人群对家马和马车的技术垄断。

从晚商时期开始，中原地区也进入了家马和马车的时代，各个人群在中原逐鹿的过程中越来越多地使用骑兵和战车，而家马和马车技术在生活中的应用就更频繁了。农耕社会对于马的喜爱丝毫不亚于草原社会。

比如在陕西省咸阳市一处西周中晚期的遗址中，出土了4具家马的骨骼，它们的线粒体DNA检测结果十分有趣。这4匹马的基因型都比较疏远，其中2匹马的基因与中亚和欧洲家马的基因相近。显然这不是有人骑着马一路从欧洲跑到了东亚，而是当时的人群在马的贸易上非常频繁，因此某个地方的马会被频繁转手，几代之后，某类马就出现在了几千千米之外的远方，它们所携带的基因也随之漂流。4 匹家马来源不同，暗示西周与周边人群之间的马匹贸易以及其他贸易是很频繁的。

马的基因还告诉我们，这 4 匹马的毛色竟然都是枣红色，它们的外貌是单一的。显然，这几匹马的拥有者特地挑选了枣红色的马。西周时期上层贵族有繁多且严格的礼仪制度，他们在礼仪活动中可能对马匹的毛色有一定的追求，比如要求马匹都是某种颜色的。这可能就是 4 匹马的基因型不同但毛色一样的原因。

最迟到商周时期，中华大地已经全面进入了家马和马车的时代。

青铜：远古王者的荣耀

地球表面的岩石在风化作用下会破碎，变成土壤，让植物从中吸收营养，让人类能够开垦农田，养活自己。其实，很多岩石里面含有各种金属元素，比如金、银、铜、铁、锡、铅、锌等。这些金属在自然界很少会以单质形式存在，往往会形成化合物，牢固地“镶嵌”在岩石中。

人类要想从岩石里提取和提纯这些金属，都需要借助火烧，利用冶金术来实现。人类用火制作陶器的时代已经非常久远了，他们会有意识地尝试用火烧各种东西，包括含有较多金属成分的岩石，在高温焙烧过程中，孔雀石这种矿石很容易被木炭氧化还原而熔炼成金属铜。这可能就是铜冶金术的起源。

从世界范围内的考古发现看，西亚地区是人类冶金术出现最早的地区，那里诞生了最早的红铜制品。国外考古学家曾经统计西亚发现的最早的铜器及其制作年代，发现主要集中在土耳其、叙利亚北部、伊拉克北部和伊朗。其中，西亚最早的铜制品可追溯到距今 9 000 年前，那时西亚已经进入农业社会了。当时人们一般利用的是天然铜，如土耳其的恰约尼遗址出土的天然红铜钻、铜丝别针、孔雀石珠，伊朗中部锡亚尔克丘出土的红铜针等。距今 8 000—6 000 年前，西亚地区所见的金属除个别的铅、银和铁质外，基本为红铜，种类多是小件工具或装饰品，比如斧、钻、锥、珠、片、刀、铲、扣、管、凿、指环、手镯、印章、权杖头等，而且都使用了锻造技术。于是在这一时期，西亚的人类遗址里开始出现与铸造有关的物品，比如坩埚、炼渣、矿石及冶炼遗迹等。

砷铜是人类最早掌握的二元合金技术，砷铜技术和制品也是在西亚地区诞生的。自然界中本来就有砷铜矿，容易冶炼。从距今 6 000 年前开始，砷铜在西亚的安纳托利亚高原诞生并风靡周边，冶金术向四周传播，紧邻东亚的中亚地区也出现了冶金术。

从红铜、砷铜冶炼再向前一步，就是青铜冶炼。青铜是在铜里面掺入了少量的铅和锡两种金属，从而大幅改善了铜制品的性能。与红铜相比，青铜熔点较低，硬度却较高，容易铸造成形。用青铜制作的青铜器，表面的装饰花纹以及细节都能够被加工得凹凸有致、清晰细腻。

在距今 5 000 多年前的古巴比伦，两河流域的南部出现了世界上最早的青铜器，主要是一些铜锡合金铸造的工具和武器。稍晚一些的距今 5 000 年前左右，古埃及也出现了青铜器。青铜时代就此开启。正如我们前面谈到的家马和马车技术的快速传播那样，青铜技术也快速向四周传播。

中华大地上出现青铜器的时间是很早的。在甘肃省中南部距今约 5 000 年前的遗址中，出土了一把保存完整的铜刀，长 12.5 厘米，采用范铸法制作而成。这把铜刀是目前所知中国最早的青铜铸件。很遗憾，在当时那个时代，中华大地上的青铜制品只此一把。因此，学者们怀疑这把铜刀并不是本地制造的。一种可能是，由于欧亚大陆上各个人群的频繁往来，这把铜刀从西亚、中亚被带到了中国西部；另一种可能是，当地古代人群偶然获得了质量非常好的含锡铜矿石，在冶炼的时候碰巧制成了这件青铜制品。不论是哪种可能性，都表明在距今 5 000 年前，中华大地上的古人还没有真正掌握青铜冶炼技术。

技术壁垒终会被打破。经过上千年的摸索和借鉴，中华大地蓬勃发展、独树一帜的青铜时代终于来临了。

在距今 4 000 年前左右，以甘肃中东部为核心，辐射到青海东北部以及内蒙古、宁夏一带，存在强大的齐家文化，它的金属冶炼技术已经很成熟，能够铸造出单耳或双耳的竖銎铜斧、带钮铜镜、人首铜匕、环首刀等工艺颇为复杂的铜器，特别是把青铜技术用于制作人体或服饰方面的装饰器件，拓展了铜器的应用领域。在齐家文化的早期，古人主要以打造红铜制品为主，随着时间的推移，他们的技术也不断革新，到齐家文化的晚期，他们以制作锡青铜物品为主。当然，对齐家文化人群来说，青铜还属于很珍贵的东西，所以他们可能舍不得把青铜用于消耗量很大的远射程兵器如铜镞的制作上。

比齐家文化稍晚一点儿兴起的二里头文化，则在青铜技术上更进一步。更为关键的是，二里头文化盘踞于中华大地的中原地区，周边矿产丰富，一旦它掌握了先进的冶金术，它创造出的青铜文化就远胜于齐家文化和同时代的其他文化，中华大地的青铜文化开始走出简单的拿来主义和模仿制作，迈向主动创造新技术的阶段，青铜时代的面貌脱胎换骨了。

二里头遗址地处黄河中游洛阳盆地东部，背倚邙山，南望嵩岳，伊、洛二水从它的南面流过。这里在历史上被誉为“天下之中”，是兵家必争之地、帝王建都之所，而二里头文化则是这块宝地脱颖而出的起始。

二里头文化最令人津津乐道的技术创新就是复合范技术。在当时中国之外的其他地区，大多数青铜器物是用锻造法或失蜡法制作的。所谓失蜡法，就是先把蜂蜡加工成想制作的青铜器的模型，然后内外面包裹上泥，高温烘烤后，蜂蜡模型熔化流出，留下空壳，即为泥范，向里面浇灌金属溶液，冷却后就得到了青铜器。失蜡法比较简易，适合生产形状简单的青铜武器、饰品和工具，比如青铜刀具、箭镞或者犁铧，但是难以制作巨大、复杂的青铜器。

复合范技术则是一种复杂的青铜工艺，工匠们用泥制成一件内模和至少三件外范，组装后形成空腔，然后以铜汁灌入空腔中，冷却成形。这种方式可以生产出不规则的、形态各异的复杂器物，特别是巨大的青铜器。

在现代技术专家看来，用多块外范合围形成反转的空腔，需要敏锐的空间想象力，器范的尺寸、形状、纹饰都要相互关联，设计与铸造工艺要融为一体，这必然需要规范化的工艺体系，实现制作过程的标准化、协作性和可控制。二里头文化已达到了一种类似于近代工业的技术与管理高度。

所以，考古学家在二里头文化遗址里发掘出了丰富的青铜礼器。古人把先进的技术用于生产代表礼仪的器物，比如用于饮酒礼仪的青铜器。青铜酒器出现于二里头文化晚期，最先制作出来的是仿陶器的小型酒器爵，后来出现了温酒器等。这说明在青铜技术传入中原之前，我们的祖先可能已经有了饮酒礼仪，有了酒文化，他们可能先是用陶土来制作相关器物的，在青铜技术到来后，青铜以其珍贵和优良的材质取代了陶土。

二里头文化的青铜礼器除鼎之外，均为仿制陶酒器，构成了一个青铜礼器群。但青铜毕竟是珍贵之物，底层民众无福享用，青铜礼器只随葬于二里头文化上层贵族的墓葬中，作为上层统治阶层身份和地位的象征。周朝建立了公、侯、伯、子、男等爵位，“爵”就是酒器，使用的爵的数量和档次，代表了爵位即地位。

二里头遗址中也出土了少量青铜兵器，包括青铜材质的戈、钺、斧和箭镞等。不过近战的戈、钺、斧只发现了 4 件，都没有开刃，所以它们只是制成了武器形状，本质上还是类似礼器的东西，不属于实用兵器。看来直到二里头时代，中原地区的青铜尚未大规模用于武器制作。

地处中原的二里头文化与地处西北的齐家文化在时间段上有重合的时期，两者之间是有文化交流的。在齐家文化的遗址中出土过二里头文化风格的陶器或仿制品，二里头文化特有的镶嵌绿松石兽面铜牌也现身于当时的甘肃地区。虽然在二里头文化遗址中还没有发现齐家文化的器物，但人们有理由猜测，齐家文化可能对二里头文化有影响，双方可能存在冶金术方面的交流，比二里头文化略早兴起的齐家文化，也许会把一些青铜技术传输给二里头文化，激发了后者的进一步创新。

那么，齐家文化的青铜技术又源自哪里呢？

放眼当时的全球，距今 4 000 年前，全世界古代文明正处于变革的时代，不论是尼罗河文明、两河文明、地中海克里特文明、印度河文明还是中华大地的华夏文明，都在经历城市化进程加快、文字产生并逐步系统化、各地的冶金术进一步成熟的过程。中国西北地区冶金术的发展，肯定与同中亚地区进行技术交流分不开。齐家文化肯定受到了全球文明变革的影响，那里的青铜技术显然来自更西方的世界。

至于青铜技术传入中国的路线，可能是通过新疆的前丝绸之路传输而来，也可能来自让石峁古人寝食难安的草原地带。考古发现证实，在距今 5 000 多年前到距今 3 000 多年前，欧亚草原带的东部广泛分布着几个早期青铜文化，它们的共同特点是拥有以动物纹青铜饰件和青铜短剑为代表的早期青铜冶炼与制作技术，这说明青铜技术在草原上得到了快速传播，被各个角落的草原人群掌握，他们也会在与周边的交往过程中把青铜技术再传播出去，甚至传播到草原带之外的区域。

从各地发现的青铜制品看，中国北方草原带接触到青铜技术的时间比中原地区早，中原地区的青铜文化至少是受到了草原带的影响的。比如在二里头遗址里，出土过一件长身窄厚刃的青铜兵器，此前在中原地区从未见过这种器形，它其实是北方草原上流行的青铜战斧，在安柄方式上被改造成了中原的样式。无独有偶，二里头遗址还出土了一件柄部有镂孔纹饰的环首刀，它同样是来自北方草原的武器样式。沿着草原带向西追踪，西亚的伊朗也出土过类似的青铜战斧，出现的时代比二里头文化早了几百年，甚至更早。

家马与马车以及青铜武器，在输入农耕社会之前，率先提升了草原人群的战斗力。可以想见，当草原人群驾驶着马拉战车，挥舞着青铜战斧冲向石峁古人的领地时，威胁是非常巨大的，迫使石峁古人不得不竭尽全力建造更加牢固的城池，抵御外敌突袭。

同时，中原及其周边以农耕为主的文化人群，也应该对草原人群有些许的感谢，正是草原人群沿着草原带把这珍贵的驯化动物和先进技术向东传播了过来，才使得中原文化有了翻天覆地的变化。

草原之路，西风在东方唱着交融之歌

一谈到古代中国与外界的交流，我们就会想到丝绸之路，想到张骞出使西域的壮举。

西汉时期，汉武帝为了对抗匈奴，派遣张骞为使节联络西域的大月氏。张骞历尽千辛万苦往返，虽然没能实现结盟的目的，但是间接打通了汉朝与西域各国的联系，史称“凿空西域”。古代中国与中亚乃至更西的地区通过贸易往来建立了联系，古代商人们沿着天山南北麓、昆仑山北麓的沙漠绿洲一站站行进，沟通了东西方世界。后人将这些贸易路线以中国古代的美丽手工品丝绸来命名，即丝绸之路。

由于“丝绸之路”这个概念的巨大影响力，长期以来，学者们默认，古代中国与西方的贸易和文化交流，主要沿着今新疆南部的天山、昆仑山路线进行。中国自古以来就是崇尚玉的，并且最为推崇昆仑玉，也就是今天我们所说的和田玉，其产于昆仑山北麓，正所谓“玉出昆冈”。昆仑玉文化的影响，使得学者们默认的东西方交流路线经过新疆南部的观点得到了进一步强化。

“世上本没有路，走的人多了，也便成了路。”早期东西方的交流途经哪里，对于理解古代世界的文化传播意义非凡。学者们一开始对于“丝绸之路”的默认，引发了学术界的一些困惑，比如彩陶的起源与传输。

最早一批系统研究古代中国与西方世界文化交流的学者，

是近现代来到中国考察指导、教学研究的西方学者，比如瑞典科学家安特生。本书第一章曾经谈到，周口店龙骨山最初出土的两颗北京人的牙齿，就是由安特生等人发掘出来的。但安特生在中国工作时，更大的发现是仰韶文化。还记得我们上一章谈到过的“仰韶温暖期”吗？几千年的温暖开启了中华大地的农业时代，而仰韶文化就是这段温暖期中最适宜生存的一段岁月。

安特生在河南仰韶村发现了远古中国的遗址，仰韶文化人群善于制作精美的陶器，并用红色和黑色在陶器表面绘出绚丽多彩的几何纹或动物主题纹，尤以人面形纹、鱼纹、鹿纹、蛙纹、鸟纹等最为常见。安特生和其他西方科学家比较了仰韶文化彩陶与中亚、西亚古老文化彩陶，认为以仰韶文化为代表的彩陶是外来文化带来的，可能有一支以彩陶文化见长的先进农业人群，跋山涉水来到黄河流域，在融合了原有的本地文化后，形成了一种全新的中国史前文化。他们还判断，这支人群和这种文化向中国的行进路线，是经过新疆和甘肃的。除了彩陶，仰韶文化所发现的鼎、鬲、小口尖底瓶、石环、贝环等器物，可能也是从西方起源的。

这些西方学者的观点被称为“中华文明西来说”（以下简称“西来说”）。在20世纪上半叶中国那段被外敌入侵的日子里，一方面，有的中国学者痛定思痛，寻找自身文化上的问题，向西方学习；另一方面，有很多学者坚信本国文化是优秀的，要捍卫本国文化几千年连续的传统。在各种思潮混杂的时候，西来说在中国学者中引发了很大的争议。但是，当时反对西来说的中国学者并不具备现代科学知识，只能拿古书记载来反驳，难免有点儿“鸡同鸭讲”的尴尬。

20世纪下半叶，中国本土的考古学建立起来，中国学者终于有能力从现代科学入手，甄别西来说的对错曲直。中国学者发现，中华大地上彩陶文化的出现，有东面早、西面晚的现象，比如，甘肃的彩陶源自陕西关中地区，越往西去，彩陶出现得越晚；新疆的彩陶很多来自甘肃，出现时代更晚。

常识上讲，一定是出现早的地方把文化传播到出现晚的地方。因此，安特生认为彩陶从西方经过新疆、甘肃传入中原的观点，是站不住脚的。中国学者因此断言，仰韶文化的彩陶是我们自己的祖先独立创造出来的，并不是西来的，进而从宏观上看，中华文明也应该是从本土孕育出来的，并不是西方传来的。这就是“中华文明本土说”（以下简称“本土说”）。

仅从中华大地的彩陶出现年代分析，本土说所描绘的彩陶从东向西传播、从中原向新疆传播的路径，应该是符合实际的。但是，如果站在世界彩陶的分布及年代角度分析，就会出现矛盾。

世界远古彩陶的分布地点，从东亚的黄河流域一直向西蔓延开来，经过中国的甘肃、青海、新疆，到中亚、西亚，再到东欧和东南欧，形成了长达一万多千米的“彩陶文化带”。我们很难想象各个区域的彩陶都是独立创造出来的，相互之间没有传播和借鉴行为发生。

从时代上看，在距今8 000年前，西亚的伊朗、伊拉克出现了世界上最早的彩陶，随后是叙利亚、土耳其、中国、希腊、巴基斯坦、埃及等地相继出现。如果把这些地点的彩陶出现时间标在一张地图上，可以很清楚地发现规律：基本上与伊朗、伊拉克相距越远，彩陶出现时间就越晚。而且很多地区的早期彩陶在颜料、纹饰上有很多类同，这表明世界彩陶以伊朗、伊拉克地区为源头，向周围扩散，最终形成了彩陶文化带。当然，彩陶文化输入世界各地后，也会与各地的本土文化融合，创造出一些本地化的彩陶样式和纹饰。

矛盾产生了。按照世界彩陶传输的趋势看，彩陶应该是从西亚经中亚传输到中国的，方向自西向东，所以按说中国最西面的新疆应该最早出现彩陶，然后依次是甘肃、中原地区，但中国境内的彩陶传输的实际情况是自东向西。

该如何解释这个彩陶传输方向的矛盾呢？

矛盾的症结，在于默认的输入路线是错误的。

中国的彩陶文化的确是受到西方彩陶的输入激发出来的，但彩陶文化进入中原腹地，最早并不是经过新疆、甘肃而来的，而是从草原之路传输过来的，即从中亚北部沿着草原带向东，然后从蒙古高原南下，越过内蒙古的阴山山脉抵达中原。这条路线虽然看上去比中亚直接经过新疆、甘肃到中原的路线绕远，但是在古代，草原之路更容易行进，从中亚到中原的时间更短，成本也更低。

通过新疆南部的丝绸之路，它的远古时代名称往往是“绿洲之路”或“前丝绸之路”，要翻过险峻的帕米尔高原。魏晋时期的高僧法显、唐朝的高僧玄奘都描写了他们走“丝绸之路”翻越帕米尔高原的艰辛，简直是九死一生。旅者还要穿过广袤的沙漠边缘地带，比如塔克拉玛干沙漠，小心地在一个个相距遥远的绿洲间跋涉。

草原之路相对容易得多，草原带地势和缓，没有广阔的沙漠和险峻的高山阻挡，只有一些不算很高的山脉需要穿越，山脉有若干低海拔的山口供旅者们愉快地穿过，草原上的动植物资源也很丰富，便于补给。在马、牛、骆驼等大型动物被驯化后，草原之路就更加容易通过了。从草原带南下中原地区，其实没有我们现代人想象的那么难。

本书第二章谈到我们的“草原狩猎族”祖先沿着草原带东进时，正是一段温暖期，证据之一就是内蒙古西部居延海的水位变化。居延海北接草原，南邻黄土高原，附近水草还算丰美。更重要的是，中国第二大内陆河——额济纳河从青海祁连山发源，从南向北流经甘肃，进入内蒙古西部，最终注入居延海。额济纳河又称黑河，古代称黑水、弱水。与中国很多大河如长江、黄河、黑龙江自西向东“纬向”流淌不同，额济纳河是一条“经向河流”，顺着南北方向也就是经线方向流淌，沟通了青藏高原北缘、甘肃河西走廊和内蒙古草原地区。额济纳河流域动植物资源丰富，自古以来就是西北地区一条南北方向的重要通道，直到环境恶化，居延海彻底消失。

如果我们纠正了彩陶文化传输路线，那么前面谈到的矛盾就解决了。以伊朗、伊拉克为中心的彩陶文化向东经过草原带输入中国的腹地，然后再从中原地区向周围扩散，包括向甘肃、新疆的西面扩散。

搞清楚了彩陶文化的传输路线，我们再回头看一下青铜技术的西来。铜冶炼术在西亚诞生后，扩散方式几乎与彩陶文化是一样的。学者们曾经制作古代世界青铜技术分布图，青铜技术依次出现的地区是西亚两河流域的古巴比伦、古埃及、古印度，最后是古代中国。显然，距离铜冶炼术和青铜技术起源地越远，就越晚出现这些技术。

从中国青铜技术的分布情况看，最早的铜器和冶炼遗址主要分布在西北地区、中原地区、北方草原带和东部山东地区（考古学家称为海岱地区）。在中国青铜时代的早期，铜器数量以西北地区最多，发现铜器数以千计；次之是中原地区，比如二里头文化遗址出土数百件铜器；然后是北方草原带如内蒙古地区，而海岱地区发现的铜器数量最少。总之，中国早期铜器整体上看从西向东越来越少。

但是，在西部地区存在着铜器和青铜技术从东向西传输的一些迹象。比如在甘肃，东部的铜器年代较早，西部的铜器年代较晚，青铜技术有从甘肃东部向西部传输甚至再传输到新疆东部的现象。因此学者猜测，青铜技术应该是从草原带先进入中国北方草原，然后向南传入中国甘肃东部，再分别向东、向西传播开来的。青铜技术与彩陶进入中国并扩散的方式很相似。

远古东西方的交流是漫长的，借用今天计算机的一个术语来描述，彩陶技术与青铜技术的传入很像是“断点续传”，可能存在多次传入的情况。比如，彩陶技术在距今 8 000 年前诞生后，可能只用了700年的时间就第一次传入了中华大地，但是那时的彩陶样式和后来的彩陶样式有很大不同，都与西方不同时期的彩陶技术有联系，所以后来应该还有东西方彩陶技术交流的情况发生。数千年中，青铜技术从草原带向南的传输可能更为频繁。

另一种从草原带传入中国的物品更是令人匪夷所思，那就是热带海贝。

在二里头遗址里出土了一些海贝，主要随葬在贵族的墓穴中。贝壳上有穿孔，可用丝绳穿系起来，戴于颈上和胸前。墓葬规格越高，用的海贝越多。海贝是作为那个时代的货币和财富的象征而在上层阶级中使用的，这种习惯至少延续到了商朝，甲骨文中就记录了商王赏赐某某贵族多少海贝，作为完成某工程的经费和酬劳。起初学者们以为，这些海贝应该来自中国的近海，从东面沿海的东夷部落传到了中原地区。对海贝种类的鉴定，却揭示这些海贝属于暖水品种，它们的故乡在印度洋和中国南海的热带海域，它们绝对不会生活在古代中国东海以北的沿海。

这些海贝是如何来到中原的呢？它们在印度洋沿海被捕捞上来后，通过贸易向北输入中亚地区，然后通过欧亚草原带的接力，再向南抵达中原地区。生活在南方大洋的海贝，竟然兜了一个大圈子，从北方输入进来。后来，当中原地区用青铜钱币逐步取代了海贝时，北方草原上的游牧部族中仍然流行使用海贝的传统，比如匈奴人和鲜卑人。

彩陶、青铜、海贝……中国古人的生活因这些来自西方、南方的技术和物产而变得五彩斑斓起来。但草原之路输送给中华大地最重要的东西，也许并不是这些光彩夺目的玩意儿，而是……

小麦：后来而居上

中国北方地区传统上以面食作为主食，山西、河南、陕西几省都有各自的特色面食。面食的原材料是用小麦研磨出的面粉，至少在2 000多年中，小麦已然是北方地区当之无愧的粮食之首。在上一章我们知道，史前时代中华大地本土的粮食作物是北方的粟、黍加上南方的水稻，而且南方的水稻还在气候适宜的时候北进，一度在北方地区也颇有种植。

那么，小麦是如何后来居上，击退北进的水稻，扳倒粟的地位，跃居北方粮食之首的呢？

首先，让我们了解一下小麦是如何“后来”的。

小麦的故乡在遥远的西亚。西亚、西亚、西亚……为什么我们一谈到外来的某个技术和物产，往往就是来自那里呢？根本原因在于，西亚是人类农业的起源地，农业革命的烽火是从西亚点燃的，进而引爆了一个又一个技术革命，传播到全球。

现已发现的最早的小麦遗存年代为距今 1 万年前，第一批栽培小麦有两个品种，古人先是驯化出了一粒小麦，它又与一种山羊草杂交，产生了二粒小麦，两者都不是我们现在享用的小麦。大约在距今 8 000 年前，二粒小麦向东传播到伊朗高原一带，与当地野生的粗山羊草杂交，形成了一个新的栽培小麦品种——六倍体小麦，这就是今天全世界人民广泛种植的小麦品种，覆盖了小麦种植区 95% 的面积，也被称为普通小麦或者面包小麦。“六倍体”，是指这种小麦基因组是由三套（六条）相似而又不同的基因组整合在一起形成的。我们人类自己的基因组可以看成“二倍体”，由分别来自父亲和母亲的基因组构成。

六倍体小麦的出现，简直是远古时代一次重大的“基因工程”，好吃又高产的小麦让古人如获至宝，迅速普及。几大古文明，比如两河流域的美索不达米亚古代文明、尼罗河流域的古埃及文明、印度河流域的古印度文明，以及后来的古希腊文明和古罗马文明等，它们的出现和繁荣全都是建立在以小麦为主要粮食作物的农业生产基础之上的。一直到工业革命之前，小麦都堪称世界第一粮食作物。

如果用且只用一种物品来代表世界范围内的古代文明，很多学者认为，那只能是小麦，得小麦者得文明。

早在距今 7 000 年前，小麦的脚步就已经向东抵达了中亚地区，比如今土库曼斯坦境内的科佩特山脉北麓当时就种植了小麦。但是此后，小麦向东的脚步竟然停下来了，这一停就是几千年的时光，东亚地区迟迟没有投下小麦的倩影。这到底是怎么回事？是地理阻隔让小麦无法光临中华大地，还是我们的祖先只愿意吃小米和黄米，拒绝吃小麦饭？

根本原因在于，小麦的植物特性让东亚农民头疼不已。

小麦的起源地在西亚，在地中海气候区域。学过中学地理的读者会知道，地中海气候是一种很古怪的气候，绝大多数气候都是冬季寒冷少雨，夏季温暖多雨，但是地中海气候的降雨相反，冬季阴冷多雨，夏季炎热干燥，降雨时节主要在冬春两季，也就是说，在那里，小麦冬季播种，夏季收获。

中国北方地区以温带季风气候为主，南方地区以亚热带季风气候为主，特点是雨热同期，夏季高温多雨，冬季寒冷干燥，降水集中在夏季。“春雨贵如油”，在小麦最需要水的春季，中国却刚好处于少雨的季节，不利于小麦生长；在小麦要收获的夏季，大量的雨水又不利于小麦成熟和收割。

正是小麦生长周期与中国本土气候的不合拍，阻碍了小麦东进的步伐，小麦因此迟迟不能进入中华大地。

小麦毕竟也算是一种旱地作物，因此相比水稻，还是更加适应中国北方的干旱环境的。至于春季缺水的问题，可以通过开春时人工浇水解决。小麦在中亚“休息”了近 3 000 年后，终于迈开脚步，走向了东亚。小麦的传入，使得我们的祖先开启了本土灌溉农业的历史，甚至要通过大规模兴建水利设施满足小麦的“喝水”需求。

小麦何时传入中国？我们可以通过考古发现和古人记载确定时间，但是首先，我们要把中国的阿尔泰山区单独列出来讲述。

由于阿尔泰山区临近中亚，所以那里的小麦、裸大麦（青稞）的种植时间非常早。考古学家在阿尔泰山区的通天洞遗址里找到了炭化的植物种子，分析后发现，里面有小麦和裸大麦，年代在距今 5 200 年前。由于阿尔泰山区所处的纬度比大部分中亚地区都更高，因此光照更短、气温更低，种植小麦也需要经过物种改良。生物学家推测，小麦在传入该地区后，又与当地的野生大麦进行了杂交，从而获得了能够在高纬度、高海拔地区繁茂生长的重要基因，小麦才终于实现了本地驯化，成为当地的重要农作物。

也就是说，如果按照今天中国的国境线来看，小麦在距今 5 000 多年前就已经传入了新疆北部。那么，小麦何时才越过西北地区的荒漠与山川，进入中原地区及其周边呢？

在商周时期的甲骨文中，已经出现了“来”和“麦”这两个字，应该都是指麦类作物，当时古人可能用前者表示小麦，后者表示大麦。而在《左传》中，也有“周子有兄而无慧，不能辨菽麦，故不可立”的话，说的是春秋时期晋国的贵族选择立谁当国君的故事，周子的哥哥因为分不清豆子和麦子（言外之意是没有生活常识），不能被立为国君，因此要选择周子来当国君。从这句话可以看出，当时麦子在北方的大邦晋国已经是一种重要的农作物，普通人都应该认识。

从这些文献记载分析，在距今 3 000 多年前，小麦肯定已经传入中国，并为人所熟悉了。因此，小麦最早传入的时间，还要再向远古上推，这就需要考古发现来帮忙确定了。

目前中国北方出土小麦遗存最早的地点在山东胶州，只出土了一颗，通过碳十四测年，那颗小麦的年代为距今 4 450 年前。可是胶州地区向东南方就是东海，属于中国沿海地区，从地理位置看，那里比中原地区、西北地区离中亚更遥远。因此，学者们还不清楚，为什么目前发现的最早小麦遗存会出现在山东沿海，而不是中原地区或者西北地区。或许是因为那个时代中国北方地区都有小麦种植了，只是种植量少，各地很难留下遗存，刚好胶州留下了遗存。小麦作为植物，是一种有机物，容易腐烂，很难长期保存在考古遗址中。又或许，那颗小麦的年代等信息有问题。

从时间上看，欧亚草原带东部在距今 5 000 多年前接受了小麦这种农作物，作为草原上畜牧生活的一种粮食补充。这个时间应该早于南方的中原地区。因此，我们有理由相信，在小麦向中华大地的行进路线上，欧亚草原带是重要的中途站点。小麦从中亚向北先传入阿尔泰山区，进而扩散到欧亚草原带的东部，之后南下到中原与草原交界的北方山区，比如阴山山脉和燕山山脉一线，最后翻越山区进入中原地区。

抛开胶州那颗有疑问的小麦不谈，距今 4 000 年前或稍晚一点儿，中原地区、西北地区都出现了小麦的踪迹。其中在青海、甘肃和新疆东部的几个遗址中出土的小麦，年代测定结果都接近了距今 4 000 年前。因此，从小麦东传的路线上讲，草原带固然是一个重要的站点，而新疆也许是另一条小麦输入路线上的站点。

小麦是农作物，它更容易在从事农业的人群中扩散。相比家马与马车技术、青铜技术受到草原人群的追捧，小麦更受新疆南部的绿洲人群的青睐，每一个小绿洲都是一处农业的田园，期盼优良农作物来提高产量。从中亚出发，只要小麦能够成功越过帕米尔高原，就进入了塔里木盆地。盆地内部虽然是沙漠，但是南北两侧分布着一连串的绿洲。小麦继续沿着绿洲一站站向东，进入甘肃适合农耕的河西走廊，再向东，就抵达了中原地区。这样的路线，就是后来赫赫有名的“丝绸之路”。

一旦跋山涉水进入中原地区，小麦就邂逅我们那些擅长农耕的祖先和广阔的易开垦耕地，中华大地很快迎来了小麦的时代。小麦“反客为主”“后来居上”的大戏正式上演，比如在有着“八百里秦川”美誉的关中平原。

渭河是黄河的重要支流，在秦岭与黄土高原之间流过，向东注入黄河，渭河冲积形成了肥沃的关中平原。那里地处暖温带半湿润气候区，土壤松软，渭河及其小支流的充沛水量给灌溉提供了保障。关中平原是北方地区一块重要的农耕区。

早在仰韶文化时代，距今约 6 000 年前，关中平原上的古人就从狩猎采集经济过渡到了旱地农业。当然，在仰韶文化时代，关中平原的主要粮食作物是粟和黍，此外，南方的农作物水稻竟然也在这一地区“才露尖尖角”，有所种植。在陕西渭南的一处遗址中，发现的稻米颗粒占了所发现粮食颗粒总量的1/4，可见水稻也是当地的重要农作物之一。仰韶温暖期温暖湿润的气候环境是水稻北进到关中平原的幕后功臣。

不过在距今3 700多年前的二里头文化遗址中，小麦虽然已经出现，但出土颗粒只占粮食颗粒总量的不到1%，只能算是当时古人的一种“零食”。几百年后，在中原地区的遗址中，出土的小麦颗粒已经占据粮食颗粒总量的10%~20%，仅次于粟和黍，坐上了粮食作物的第三把交椅。到西周时期，在北方地区出土的小麦颗粒数量和出土比例已经仅次于粟，远高于其他农作物，稳坐粮食作物的第二把交椅。到东周时期，小麦的种植在有些地区已经成功反超了本土的粟，比如前文所说的渭南的遗址中，不仅发现了小麦遗存，而且数量惊人，小麦颗粒占了出土粮食颗粒总量的80%以上。

伴随着小麦“攻城略地”，水稻在关中平原则逐渐败退。水稻种植需水量大，它能够一度进入北方地区，凭借的是比粟和黍更高的产量。现在小麦的产量可以与水稻相提并论，而且需水量少于水稻，更适合在北方地区广泛种植，水稻也就在竞争中逐渐败下阵来，退守南方地区了。

终于，到秦汉时期，小麦坐稳了北方粮食作物的第一把交椅，中国古代粮食格局从“南稻北粟”转变为“南稻北麦”，且一直延续到今日。

绵羊和黄牛：我们是来做牺牲的

在中国成为文明古国的前夜，有两种重要的动物携手与小麦一同来到了中华大地，它们就是绵羊和黄牛。

驯化的家绵羊最早出现在西亚，又是西亚！人们简直要怀疑，1 万年前是不是有外星人降临西亚，教给了远古人类开采矿产和驯养动物的外星科技？制造出如此科幻剧情的当然不是外星人，而是农业革命。

就在农业刚刚诞生的距今 1 万年前，家绵羊诞生于西亚地区。从世界各地的家绵羊基因型分析，家绵羊的演化可能出现了不止一次驯化事件。或者说，在西亚首先驯化了家绵羊后，它与野生品种也曾经有过若干次基因交流，并持续被人类驯化。其中的一个家绵羊基因型，在东亚绵羊中占据绝对优势，而且自东向西在绵羊中所占比例逐渐降低。因此，科学家推测，家绵羊在东亚也发生过一次驯化事件。这个家绵羊基因型与西亚的家绵羊基因型是不同的。

目前中国最早的家绵羊骨骼出土地点，可能要算前面刚刚谈到的阿尔泰山区通天洞遗址了，那里出土了大量的绵羊骨骼，以及一些小型哺乳动物和鸟类骨骼。结合发现的小麦颗粒，我们可以猜测，距今 5 200 年前早期的草原人群是通过混业生存的，农业、畜牧业、狩猎与采集并举，以适应草原和山区的自然环境特点。

然后，在距今约 5 000 年前的甘肃东部和青海东部的遗址中也出土了家绵羊骨骼。到距今 4 000 年前，中原地区的多个遗址中都出土了家绵羊的骨骼。所以，中国家绵羊的扩散可能是从西向东的，大概在距今 5 000 年前或者更早的时候，古人把西亚的家绵羊带到了中国境内，然后在本地，远道而来的家绵羊与这里的野绵羊杂交，并经过驯化，形成了东亚的家绵羊类型。

距今 4 000 年前，中华大地上的家绵羊就已经以这种东亚家绵羊类型为主体了，只有少量家绵羊是西亚类型的。从甘肃、新疆等地考古发现的家绵羊骨骼分析，西亚的家绵羊可能与彩陶技术、青铜技术类似，也是从欧亚草原带传输过来的。

说完了羊，我们再来聊聊牛。驯化的黄牛最早也出现在西亚吗？这个答案只能算半对。

在我们祖先的家牛分类学中，黄牛是指牦牛、水牛之外的所有家牛，主要包括普通牛和瘤牛两个种类。普通牛的驯化的确发生在西亚，时间大概在距今 11 000 年前，出现得非常早。瘤牛这个种类一般认为是在南亚的印度河河谷被驯化的，时间上比普通牛的驯化晚了差不多 2 000 年。顺便说一句，“高原之舟”牦牛是在中亚被驯化的，时间上略晚于普通牛的驯化。

另外，近期中国学者在黑龙江发现了距今万年以前的牛的骨骼，牛的牙齿、颌骨上有凹槽，似乎是驯化造成的。如果这个发现得到证实，那么中国东北地区就是一处黄牛的起源地，而且时间上不比西亚晚。不过，牙齿和骨骼上的凹槽也许有其他解释，不一定是驯化造成的。考虑到西亚是农业的最早起源地，人口暴增，粮食剩余充足，具备驯养大型动物的物质和技术条件，现在学者们仍然秉持“西亚是黄牛最早的驯化地”的观点。

抛开这个存疑的起源地不谈，距今4 500年前，黄河流域已经出现了家养黄牛的踪迹，看起来黄牛来到中国的时间比家绵羊晚。最早发现家养黄牛骨骼的遗址主要分布在甘肃东部、河南北部和中部一带，因此黄牛传入中国的路线可能与绵羊是一样的，都是沿欧亚草原带而来，毕竟沿途有充足的青草可供牲畜食用，草原人群对于畜群管理和利用也经验丰富。利用化学元素进行的食性分析，中华大地上的第一批家养黄牛以吃碳四类植物为主，也就是当时北方主要的农作物粟和黍，也许古人用打下来的粟和黍的茎叶来喂养黄牛。

分子生物学家曾经对在新疆、青海、内蒙古所发现的考古遗址中的黄牛骨骼做古DNA分析，发现所有的样品都属于普通牛，不属于瘤牛，这说明古印度的瘤牛可能要更晚进入中国。而且这些样品绝大部分是来自西亚的黄牛基因型，只有少量可能来自东北亚，这说明东北亚也发生过黄牛的驯化事件，类似于家绵羊来到东亚后又经历的驯化事件。

与家绵羊有所不同的是，黄牛进入中国还有一条西南方向的路线。瘤牛在印度河河谷得到驯化后，在南亚、东南亚传播，然后从云南进入中国，再继续扩散。在云南大理美丽的洱海里有一处银梭岛，岛上的远古遗址中曾出土过黄牛骨骼。

绵羊与黄牛携手走入中华大地，不仅给我们的祖先提供了肉类、奶类食物以及毛皮御寒材料，还改变了祖先的文化习俗。

我们知道，猪是中国本土驯化的动物，从距今 9 000 年前开始，在中华大地上的很多遗址中，古人都以猪来祭祀和随葬，偶尔也使用狗，这是另一种本土驯化动物。到距今 4 000 年前左右，遗址中开始出现用牛和羊进行祭祀与随葬的现象，并且越来越普遍。看上去在古人的心目中，外来物种牛和羊的地位要高于本土驯化的猪和狗。到商代，这种祭祀文化上的“动物歧视”更加登峰造极了，商代有两种高规格的祭祀礼仪形式——“太牢”和“少牢”。“太牢”是商王一级的祭祀，必须牛、羊、猪三牲齐备；“少牢”是卿大夫一级的祭祀，只用羊、猪两牲。所以，如果对几种动物在祖先心目中的地位进行排序，从高到低依次是牛、羊、猪、狗，黄牛的地位最为崇高。“牺牲”二字的偏旁，都是“牛”字，就是因为牛是最高级的祭祀品。商朝人流行占卜，黄牛的肩胛骨被用来做卜骨。在当时的手工业生产中，黄牛的骨头是重要的材料，用于制作骨器。再到后来的春秋战国时期，随着铁制农具的出现，力气大且性情温顺的黄牛开始被用于农耕劳作，成为农民的好帮手。

文明硬币的两面

至此，在距今 5 000—4 000 年前的中原地区，中国古代所谓的“五谷”——粟、黍、菽、麦、稻，全都齐备了；所谓的

“六畜”——狗、猪、牛、羊已经出现，马正在北方草原扬蹄驰骋，鸡可能正在南方地区啼鸣破晓，这两者稍后会进入中原地区。

这些重要物种中，麦、牛、羊、马都来自西方世界；极为重要的青铜技术、马车技术来自西方世界，同样重要的彩陶技术也来自西方世界。那么，我们是不是该把安特生等人曾经提出的西来说重新拾起，拍拍尘土，摆上学术的供桌呢？

从逻辑和史实上，我们都不能如此武断地支持西来说。正如上一章我们谈到的，中华大地的北方祖先驯化了粟和黍，并在距今 7 000—5 000 年前沿着草原带西传，让亚洲西部与欧洲的古人也尝到了小米和黄米的滋味。狗和猪这两种家畜起源于中国，它们同样也在很早的时候就扩散到了欧亚大陆的其他地区，包括西方世界。

如果仅仅因为一些物种和技术的输入，就认定中华文明是“西来”的，那么在这样的逻辑下，根据古代中国向外输送物种的史实，反过来我们也可以说西方文明是“东来”的。

那么，本土说就正确了吗？我们的文明是本土产生并繁荣起来的，即使没有外来文化（包含物产、技术等）的输入，中华文明仍然会结出硕果、辉煌灿烂吗？

本土说走入了另一个极端，它的错误在于不承认塔岛技术悲剧的原理，认为一个封闭的中华大地就可以自我生长出灿烂的文明来。实际上，自从西亚、东亚各自驯化野生植物，发展出原始的农业开始，东亚就不再是一个大号的塔岛。在更早的现代智人扩张的时代，东亚就已经不再是人群和文化交流的孤岛了，它与欧亚大陆频繁地发生着交流，有一些人走进来，有一些人走出去，他们把思想、文化、技术、物种带来带去。

坚持西来说、本土说的人，都只看到或者只愿看到一枚硬币的一面，没有看到或者不愿看到硬币的另一面。

考古学家和历史学家口中所说的文明，是有其标准的。不同的学者提出的标准会有所不同，但无外乎几个要素：（青铜）冶金术、城市、文字系统、信仰（宗教）体系。一个被学者承认的古代文明不一定具备所有要素，但至少具备大部分要素。

举个例子，我们前面谈到的良渚文化，已经具有了城市和信仰体系，但是缺乏冶金术和文字系统，因此国外主流学者并没有把良渚文化提升为“良渚文明”。国内学者则倾向于认为，以良渚文化的大型社会规模和治理能力，是当得起“良渚文明”称号的。因此，良渚社会算不算文明古国，还是一个争议话题。

从文明的标准和文明的进程看，中华文明能够诞生并屹立于东亚，正是中华大地在本土充足的人口数量和粮食产量、本土文化传统的基础上，吸收了来自西方世界的技术与物种，甚至一些思想与文化，一举脱胎换骨，把各种地区文化、技术熔炼成整体性的中华文明，迈向了“最早的中国”。

青铜和家马，正是中华文明以及其他文明诞生的决定性推手，它们衍生出来的青铜武器和马拉战车，给古代势力提供了远程军事输送能力，这种能力对于国家政权的建立至关重要。

青铜技术和马车技术传输到北方草原后，在那里主要用于军事领域，增强了草原人群的战斗力，给了南方农耕社会以极大的压力，石峁古城展现的防御能力就是这种压力的反映。稍后，青铜与家马扩散到北方地区，肯定也提升了中原地区各地人群的战斗力。为了共同防御敌人，原本分散的各个部落会组成更大规模的强有力的部落联盟，打破族群、文化的界限。在部落联盟内部，青铜技术和马车技术带来了远程军事输送能力。过去一个偏远部族发动叛乱，联盟首领鞭长莫及，难以镇压，现在就可以迅速派出携带青铜武器、以马拉战车为核心的军队平定叛乱，震慑有二心的部族，从而使部落联盟内部更有效地整合在一起，朝着文明国家不断迈进。

此外，青铜技术在北方地区还起到了文明催化剂一样的重要作用。青铜技术是文明古国诞生前夕的高科技，我们的祖先用青铜器取代了古老的陶器，作为祭祀和礼仪用品，创造出中华文明独有的礼乐文化，使部落联盟内部的文化建设更上一层楼，以和平的方式增强了内部凝聚力。

与此同时，外来物种使北方地区各个部落对于贸易有了更大的需求，从而促进了各个部落之间的紧密联系，对古代家畜的基因研究显示了这个趋势。

黄牛本来是从西方世界传入中国的，优质的黄牛品种可以给古代人群提供优质的劳作畜力和美味食物。通过对当时各个文化人群养的黄牛基因的分析，我们可以看到，他们的贸易交往已经非常频繁，原本各有居所的人群正在变得越来越紧密。

在当时的西北地区、东北地区和中原地区，如此大范围内，每个遗址中占比最高的黄牛基因型都是相同的。其他几个黄牛基因型则占比很低，它们在各个遗址中的分布也不太一样。这说明在北方地区黄牛的交流十分广泛，一种优质的家牛品种会让各个部落趋之若鹜。

有趣的是，中国上古传说竟然也讲述了牛羊贸易的故事。根据《竹书纪年》《山海经》等古书记载，商王有一个叫作王亥的先祖，与兄弟一起赶着牛羊去有易氏部落做生意，被有易氏的贵族谋财害命。王亥的儿子上甲微欲为父亲报仇，但是实力不够，直到4年后才借到河伯的兵，终于消灭了有易氏，为王亥报仇雪恨。此后在商朝的甲骨文中，记录了后世商王祭祀上甲微，向他汇报目前本国的事项。上甲微显然很受商朝人尊重，经常享受后代的祭祀。

上古传说的细节未必真实，但它所反映的先商部落进行远距离牲畜贸易的情景，应该是符合当时北方地区部落交往实际情况的。

上面这个传说也反映了当时北方地区动荡的状态，各个部落之间既有和平的商贸往来，也有暴力的兵戎相见。从考古遗址中，学者们也能够读出那段动荡的历史。

仰韶温暖期本来是一段祖先们的快乐时光，风调雨顺，五谷丰登，新的技术和物种不断涌现，广阔天地里的古人传播彼此的文化，生活变得越来越好了。但是在距今约4 500年前，北方地区进入了长达几百年的龙山时代，仰韶时代那种和谐社会土崩瓦解。从龙山时代的遗址看，聚落开始构筑坚固的环壕，更大的聚落甚至修建城垣工事，对外防御强邻骚扰，对内凝聚部落人心。北方地区陷入万邦林立的状态，相互之间征伐不断。

从仰韶时代到龙山时代，是什么造成了社会的转变？显然，人口增长是重要的内因。进入龙山时代，可能有数百万人生活在农耕社会的核心地带——中原地区。在当时的生产力条件下，农田的产量并不高，粟、黍、菽已经得到充分驯化和种植，而小麦尚在赶来的路上，粮食增产在彼时彼地遇到瓶颈，人口激增带来了强烈的生存压力。各个部落尽力扩大自己的生存空间，彼此会为了争夺一块耕地、一块牧场甚至一处水源而发生冲突。

龙山时代的气候也是制造社会动荡的元凶之一。在经历了仰韶时代的温暖后，龙山时代已经处于大暖期的末期，气候变得波动起来，有时还会出现降温事件。气候波动就会带来大大小小的自然灾害，激发一些部落的生存危机，求生欲驱使他们对外诉诸暴力，抢夺资源。

最终，气候变化推动了中华大地实现“临门一脚”，从一片乱世迈向了最早的中国。

距今 4 000 年前，不论是中华大地还是欧亚大陆，似乎都正在经历巨大的气候转变。

比如我们谈到的良渚文化，在距今 4 000 多年前衰落了；沿着长江上溯，长江中游的石家河文化、中上游的宝墩文化都在同一时期衰落。北方的齐家文化在距今 3 700 年前左右走向消亡，更北的辽河流域的文化也差不多同时走向了衰落。只有中原地区的二里头文化，在古文化大面积衰落的背景下冉冉升起。

这种巨大的转变，考古学家称之为从“满天星斗”到“月明星稀”，原本东西南北如繁星般的各种古文化都黯淡下来，只有中原升起了一轮文化的明月。

在前作《草与禾——中华文明 4 000 年融合史》中，我分析了文化面貌巨变的气候原因，猜测可能是西太平洋副热带高压的南北向移动导致了中华大地古文化的大量衰落。

如果我们把视野扩大，放眼全球，当时整个欧亚大陆似乎都在经历气候巨变。

距今 4 200 年前左右，埃及古王国在奴隶大起义的动荡中走向了终点。不过，学者们最近提出了古王国灭亡的新视角。他们找来了那个时代古埃及人的棺材板，仔细分析了棺材板上的树木年轮痕迹，发现当时的气候极端异常，有强烈且短暂的干旱期。干旱带来的粮食减产给古埃及统治者制造了巨大的麻烦，局势最终失控了。

在西亚两河流域，考古学家对一座消失的大型城市进行考古发掘，在距今 4 200—3 900 年前的土壤层中发现了那个时期气候严重干旱的证据，甚至连蚯蚓都因干旱而大量死亡。

在印度河河谷，距今 3 700 年前左右，古印度文明突然消失。过去学者认为，古印度文明可能遭遇了西北方向族群即雅利安人的入侵。但是气候学家发现，印度河文明当时已经出现了严重衰退，原因很可能是气候波动导致了灌溉水源的不稳定。

为什么距今4 000年前，全球气候经历了如此巨变？目前还没有确切的答案。我们能够知道的是，比远古中国先期进入文明古国阶段的古埃及、古巴比伦和古印度都遭受了沉重打击，而中华大地却在气候打击下凤凰涅槃，中原地区迈入了文明古国阶段。

最早的中国，祖先的家国

动荡不堪的环境中，相对适宜生存的中原地区二里头文化终于脱颖而出，扩大了自己的影响力，站上了文明的高台。

考古发现，降温、洪水、干旱等灾难在龙山时代末期导致北方地区人口规模下降。同时，人口向中原地区的核心区域集中，以二里头都城为中心的区域人口规模逆势膨胀，二里头遗址出土的都城规模宏大，有着纵横交错的大道、方正规矩的宫城，宫城内还排列着多座建筑，具有明显的中轴线格局，这种城市格局为此后的古代中国各个朝代所继承，比如汉唐长安城、明清北京城等。

当时的二里头社会已经是阶层井然的社会，贵族住在宫殿区以东区域，“城市”的西部和北部则是一些小型的地面或半地穴式建筑，是平民百姓的居住区。都城内部有许多功能区，比如铸铜作坊。二里头遗址的青铜作坊规模大，延续时间长，浇铸工场、烘烤陶范的陶窑，展现出铸铜工艺设施已有较高的专门化水平。在宫殿区和铸铜作坊之间，还另有绿松石器制作作坊，二里头先民主要在那里制作绿松石管、珠及嵌片之类的装饰品。

在“城市”的中东部，集中分布着一些与宗教祭祀活动有关的建筑和其他遗迹，主要包括一些圆形的地面建筑、长方形的半地穴式建筑，以及附属于这些建筑的墓葬。二里头先民可能就是在这些祭祀点祭拜祖先和神灵的，或许他们会戴上精美的绿松石装饰品和光亮的青铜饰物，祈祷神灵保佑这片土地风调雨顺、土地上的民众人丁兴旺。

二里头不仅仅是一处“城市”，它实际上是一处都邑性质的所在，其统治力控制着辐射向四周很广的区域。

按照前文所说的文明标准，二里头社会已经具备了冶金术、城市以及信仰体系。尽管二里头遗址尚未发现文字证据，但它所显示的文化高度和影响力，已经可以算是跨入了文明古国的门槛。考虑到之后的商朝就是接续了二里头社会称雄中原地区，很多学者认为，最早的中国就出现在中原地区的二里头。

与大陆西边的一些文明如巴比伦文明相比，最早的中国自诞生的那一天起，就具有独特的气质。与西方世界偏重宗教主导的古代文明不同，古代中华文明偏重祖先崇拜，并围绕祖先崇拜构筑起自己的文明结构。

这种不同地域的文明差异，是如何塑造出来的呢？

早在 5 000 多年前，西亚两河流域即底格里斯河和幼发拉底河的入海口附近，就出现了一批泥砖建筑城市——苏美尔城市，这是地球上最早出现的城市群之一。苏美尔人是地球上最早的象形文字——楔形文字的发明者、两河流域最早的定居者。这些苏美尔城市的出现，与贸易有很大的关系，城市的位置正是陆地上的商队与海洋、河流商船交接的地方。

在苏美尔城市中，居民主要分为三类：第一类是地方贵族，统治着当地的农民和奴隶，在城市周边拥有耕地；第二类是商人，以及为商队服务的随从、水手们；第三类是祭司，他们也拥有土地、牧场和大量劳工，但与贵族不同的是，他们是神灵在人间的仆人，主要工作是建造神庙、供奉物产以取悦神灵。苏美尔祭司们的权力很大，在早期甚至通过选举的方式确定负责执行城市事务的首领。

在苏美尔城市出现之前，当地只有一些狩猎采集者，所以苏美尔人最初是“外来户”，他们白手起家建造了城市，并兴修水利发展灌溉农业，大张旗鼓地开展海路和陆路贸易，促进城市发展。作为“外来户”，要维系自己的统治，苏美尔人的上层选择了依靠宗教来树立权威、团结民众。宗教中的神灵虚无缥缈，具有超越族群差别和阶层差异的普适性，便于苏美尔上层统治本地原住民，以及从各地迁移而来的新住民。

以宗教立城、以神权治国，这正是苏美尔人和苏美尔文明的特色，注重贸易财富的外来祭司主导了两河流域文明国家的形成。这种特色也被西方世界不同地方、不同时代的各种文明继承和发扬。

从苏美尔文明的出现与演变来观察中华大地的早期文化和

文明，我们会看到，南方的良渚文化与苏美尔文明有一定的相似之处，良渚文化可以被认为是“突然之间”在江南地区勃发的，而且具有强烈的宗教色彩。这似乎暗示我们，良渚文化的上层神职人员，说不定也是“外来户”，他们从远方迁入江南地区后，以自己的宗教作为精神支柱（他们可能还携带了远超过南方本地的玉器技术而来），构建了他们的地上天国，管理大量的人口和土地。

但是，北方中原地区的各种文化乃至最早的中华文明形态，就与苏美尔文明南辕北辙了。

考古遗址告诉后人，中原地区城市群的出现过程大体上是这样的——大地上先有了大量的农耕聚落，以周边的农田养活部落民众；然后聚落不断壮大，最终有些聚落成长为地域性的城市，具有贸易功能。中华大地是先有农田，再有城市，而两河流域是先有贸易城市，再有配套农耕聚落，两者路径截然不同。

既然中华大地上的城市是从更古老的农耕聚落一步步扩大而来的，就基本上不存在“外来的和尚好念经”的现象，部落的信仰工作主要由部落自己的首领及其亲属“代劳”了，部落首领既是行政长官，也是宗教首领，当然也是祭祀祖先的族长，或者即便他们不是每个角色都担任，也是由自己的亲族来分担某些角色。

每个部落的成员，在血缘关系上是亲密的，因此在部落内部，对共同祖先的崇拜就变得比对共同神灵的信仰更重要，或者说，更有利于首领统治民众和团结民众。很多时候，部落的祖先就相当于本族群的“神灵”一样的存在。

即便各个部落组成了部落联盟，朝着最早的中国迈进，对于共同祖先的崇拜仍然是维系血缘关系较近的部落之间以及部落内部团结一致的精神武器。因为广阔的中原大地是农耕沃土，广泛的部落联盟以农耕为根基，正是注重血缘关系的农民塑造了最早的中国，所以祖先崇拜也就成为最早的中国的精神根脉和信仰支柱。最早的中国，即是祖先的家国。

一方水土养一方人。最早的中国，是本土物产与思想文化的漫长积淀、外来物产与异域文化的涓涓流入，以及气候巨变合力孕育出来的文明果实。当中华大地一脚跨入文明古国的殿堂时，等待我们祖先的命运并不是岁月静好的田园恋歌，而是疾风暴雨的文明碰撞。

小贴士

虫牙里藏着陶寺人民食谱

现代人只要条件允许，每天都会刷牙。牙医甚至建议，每次用餐之后都应该刷牙。刷牙的一个重要目的是防止龋齿。龋齿也叫虫牙、蛀牙，很多因素都可能会造成龋齿，但是一般来说，食物中所含有的糖分是我们牙齿的最大敌人。

古代人的牙齿卫生问题更严重，他们所吃的食物中所含的碳水化合物分解后，滋生能够分泌酸性物质的细菌，腐蚀牙齿，形成龋齿。外国学者们经过统计发现，古代的狩猎采集人群的龋齿发生比例为 0~5.3%，平均为 1.3%；狩猎采集和农业混合经济人群的龋齿发生比例为 0.44%~10.3%，平均为 4.8%；农业人群的龋齿发生比例最高，为 2.1%~26.9%，平均为 8.6%。另有学者指出，以游牧生活为主的古代人群的龋齿发生比例最低，只有 0.2%~0.9%。

也就是说，越是依赖农作物粮食，摄入的碳水化合物越多，古人的龋齿发生比例就越高。

于是，通过分析古代人群的龋齿发生比例，学者们就可以一窥他们的饮食结构，进而推断他们所身处的社会阶段。

就拿山西陶寺文化来说，这个古老文化活跃在距今4 300—3 900年前，与陕西石峁文化的年代大致相当。陶寺遗址中有墓葬和灰坑，里面分别出土了人类骨骼。从随葬品和建筑规格看，墓葬人群应该是陶寺文化的上层贵族，灰坑人群则是平民百姓。对陶寺遗址的植物考古表明，陶寺文化的农业已经比较发达，种植的农作物以粟为主。另外，对陶寺遗址出土动物骨骼的统计分析表明，哺乳动物占有绝对优势，包括猪、牛、羊和狗等，其中猪骨最多，据此推测当时陶寺人群获取肉食的来源主要是驯化动物。

那么，陶寺人群的食谱是怎样的呢？通过对古人遗骸牙齿中龋齿的统计，学者们发现，陶寺人群的龋齿率大概在3%，其中墓葬人群2.9%，灰坑人群3.1%，两者差别不大。看起来，陶寺人群虽然拥有了出色的农作物和农业技术，但是他们的饮食结构中包含相当多的非碳水化合物，比如肉类，使得他们的龋齿率并不高。还有的学者分析了陶寺人群牙齿的磨损情况，发现他们的牙齿磨损也不严重，这显然与他们食谱中有很多柔软的肉类有关。而且，对人骨中微量元素的分析，揭示出陶寺人群在早期和晚期的食肉量基本没有变化，说明他们的食谱挺固定的。

从陶寺文化的案例看，即使古人掌握了很好的农耕技术，也并不一定就要让农作物主粮占据食谱的绝大部分。植物性的主粮只能提供更多的能量，而在口感和营养上是比较糟糕的，因此古人在有条件获得其他食物特别是肉类的情况下，还是会让自己的餐桌尽量丰富起来。

类似的例子还有红山文化——比陶寺文化更早的东北地区古文化。红山人群的龋齿率为 1%~2%，这当然和红山文化的农业水平可能比陶寺文化低一点儿有关系，但也说明红山人群能够获得其他食物来源，特别是由于靠近丛林和草原，可以通过狩猎或畜牧获得肉食，因此不必过度依赖农耕获得的粮食。

陶寺文化的消失是比较突然的，在末期那里发生了激烈的动荡，宫殿和城墙被毁，贵族墓地遭到破坏，很多人被杀害。对于陶寺文化的结束到底是内部叛乱还是外来入侵导致的，学者们还在争论中。至少我们从龋齿反映的食谱来看，陶寺文化的上层贵族与下层百姓在饮食上是比较相近的，不太容易产生内部激烈冲突。

小小的虫牙好似穿越时空的芯片，提供给人们了解古老文化的宝贵信息。

第五章

西域争雄

压向东土的多米诺骨牌

“高贵的衣着，中间分缝的黑色长发上戴着一顶装饰有红色带子的尖顶毡帽，双目微合，好像刚刚入睡一般，漂亮的鹰钩鼻、微张的薄唇与露出的牙齿，为后人留下一个永恒的微笑。”

考古学家沃尔克·贝格曼如此描述自己看到的古墓中的女性干尸，并把她称作“微笑公主”。贝格曼与“微笑公主”相遇的那一年是 1934 年，贝格曼 31 岁，而“微笑公主”大概 3 800 岁了，当然，这是指她的肉身存在的时间长度。

沉睡在沙漠墓葬中的“微笑公主”无言无语，但她以及那些一同躺在小河墓地的大量干尸的基因，将为后人拂去历史的尘沙，展现西域几千年间的人类迁徙历史。

“小河公主”的复杂血统

沃尔克·贝格曼是瑞典人，当他于 1927 年从考古学专业毕业，来到中国，加入斯文·赫定组织的中国西北科学考察团时，他的瑞典前辈安特生不仅已经发现了仰韶文化遗址，还在前一年刚刚向世界公布发现了周口店古人类的牙齿，早已声名鹊起。

在当地人的协助下，西北科学考察团在新疆塔里木盆地罗布泊附近发现了“有一千口棺材”的古墓群，贝格曼随口用旁边流淌的小河将这处墓地命名为“小河墓地”，那里正是“微笑公主”安眠之所。

跨越几千年的一瞥，竟然成为永别。由于当时中国局势动荡，贝格曼带着少量文物离开了小河墓地，再也没有返回。“微笑公主”惊世一现后，就隐藏在漫漫黄沙之中，消失了踪影。

苦苦寻觅 60 多年后，2000 年，小河墓地终于又重现在世人面前。这一次，考古学家又发现了一具年轻女性的干尸，她头戴尖顶毡帽，微闭双眸，穿越岁月的长长睫毛固守着她的美貌。人们称呼她为“小河公主”，与贝格曼描写的“微笑公主”相对应。

根据碳十四同位素测年的数据，小河墓地的年代在距今 3 980—3 540 年前，这很可能意味着“小河公主”和她的族人是罗布泊地区最早的定居者，对这一早期人群进行基因分析，应该能揭开塔里木盆地史前时代的一段历史。

基因分析表明，小河墓地人群的母系基因既有来自欧亚大陆西部的基因，也有来自欧亚大陆东部的基因，但这并不代表早在近 4 000 年前东方人群和西方人群在罗布泊相遇并融合在一起了。从更详细的基因类型看，故事应该这样讲述：欧亚大陆东部的人群，他们很可能来自蒙古高原、贝加尔湖一带，与西部的人群先是在欧亚草原带上相遇，人群发生融合，地点可能在西伯利亚南部、中亚哈萨克斯坦的草原一带；然后，这批混血人群向南迁移，有一支进入了罗布泊地区，在这里定居下来。

这就是“小河公主”族群的来历。所以，他们可能是来自西北方、北方的畜牧人群的后代。

此外，小河墓地人群还携带少量南亚地区、中亚伊朗地区的基因，一种解释是一批南亚人群通过险峻的帕米尔高原，进入塔里木盆地，然后继续东进，来到罗布泊地区。这条路线比较艰苦，因此另一种解释也许更为合理：一些南亚人群的基因首先融入欧亚草原带的人群，然后从哈萨克斯坦草原向东南方向迁移到北疆草原，再翻过天山进入罗布泊地区。

小河墓地人群的来源是复杂的，而且随着时间的推移，可能融入了更多不同来源的人。在早期，小河墓地人群的基因型多样性较低，比如某个母系遗传基因型在整个群体中就大约占了 50%，包括一个被祭祀的泥棺中的女尸，其基因即属于这个类型，这说明她的地位较高，很可能生养了很多子女。也许最初迁徙来的那批人群基本上属于一个大家族，女性成员的血缘都比较亲密。不过这个基因型在后期的比例迅速下降，也没有了泥棺的现象，这说明生活在罗布泊地区的女性来源越来越复杂了。

然而，小河墓地人群的父系基因型却是另一番景象，普遍属于欧亚大陆西部基因型，而且早期和晚期没有多大的区别。

这说明他们可能并没有或者极少接受外来的男性成员，而是不断接纳外界的女性成员。我们可以猜测，那些女性成员可能是通过联姻的方式从周边娶过来的。我们甚至可以进一步推测，也有很多罗布泊女性外嫁到周边去。

小河墓地人群保留了很多来自草原的文化元素。比如他们的墓地放置许多牛头、公羊角，墓内随葬公牛角和公羊角，有的墓中多达 26 个，木棺用整张牛皮或羊皮覆盖，显然这些墓主人生前是以畜牧业为生的。小河墓地里没有发现陶器，但是临近同类人群的遗址中出土了尖底草篓，风格上与一种草原上流行的尖底陶器非常相似。

小河墓地人群以小麦作为随葬品之一，这是中国境内发现最早小麦的遗址之一。此外，墓地里还出土了粟和黍的籽粒。这样东西合璧风格的农作物组合，最早很可能是在草原之路上出现的。因此，也许小河墓地人群的祖辈通过草原之路的东西交流，获得了东西方的不同农作物，然后南下的时候也将它们都随身携带到了罗布泊地区。

更有趣的发现是牛奶。在随葬草篓以及墓主人的衣物、皮肤上面，人们发现了乳白色的浆状物质残留。通过蛋白质分析可以确定，这种物质是牛奶制品，这说明牛奶作为畜牧业的副产品，已经成为小河墓地人群食谱中重要的一部分。欧亚大陆西部人群拥有能够消化牛奶的乳糖酶基因，而欧亚大陆东部人群缺乏这种基因，“小河公主”和她的族群普遍食用牛奶的现象，再次把他们与欧亚大陆西部人群联系了起来，小河墓地人群拥有的欧亚大陆西部基因可能让他们能够消化乳糖，因此可以畅饮牛奶。

不论是基因分析还是文化比较，小河墓地人群的族源都指向了欧亚草原带，都指向了一支古老的草原人群——克尔木齐文化人群。

人类最早的农业诞生于西亚，畜牧业是在农业有了剩余粮食喂养驯化的动物后出现的。一部分农民携带着驯养的动物走向广阔的草原，他们变成了牧民，专门从事畜牧，与专门从事农耕的农民形成了劳动分工。毫不奇怪，整个欧亚草原带上率先崛起的草原文化来自欧亚大陆西部，因为那里靠近农业的诞生地，农民与牧民的劳动分工也更早出现。

距今 5 600 年前，在草原带西部，大概在今俄罗斯南部的草原上，诞生了颜那亚文化，这批草原人群掌握了青铜技术，驯化了家马，很可能发明了车轮。他们的一个突出文化特点是竖穴墓，就是从地面直接向下挖出墓室，埋葬死者。从基因型上看，颜那亚人群和后来草原带上的各种游牧人群，都携带了与其周边农耕人群有关的基因成分，这说明他们的确是从农耕人群中分化出来的。

从基因研究看，距今 4 000 多年前，颜那亚人群后裔已经扩散到欧亚草原带东部。例如，在贝加尔湖地区发现的古人遗骸上，就检测到了欧亚草原带西部基因成分，而在颜那亚人群之后活跃在俄罗斯南部草原上的人群，也已经携带了来自欧亚草原带东部人群的基因，这说明东西草原带间的人群基因交流很早就开启了。

更有趣的是，在贝加尔湖地区距今4 500年前的古人遗骸上，分子生物学家还检测到了一种古老的鼠疫杆菌基因信息，而这种鼠疫杆菌最早应该出现在西方的颜那亚人群中，然后随着这一人群的扩散而传播到广大的地区。不过，检测出鼠疫杆菌的这两个贝加尔湖古人却并不携带颜那亚人群的独特基因，我们可以猜测，也许鼠疫杆菌“先行一步”，通过不同人群间的相互感染，比颜那亚人群基因更早传播到了欧亚草原带东部。

就在绵延万里的草原带风云际会的时代，克尔木齐文化在新疆北部的阿尔泰山附近诞生了。

从人群基因交流的角度说，克尔木齐人应该不仅继承了源自颜那亚人群的西方基因，而且融入了来自东方的基因，比如西伯利亚古人的基因。这就能够解释为什么小河墓地人群也拥有复杂的基因型了，因为他们的祖辈克尔木齐人早已融合了东西方人群的血脉。

克尔木齐人主要活跃于阿尔泰山与天山之间的北疆草原上，克尔木齐文化是新疆境内年代最早的青铜时代文化之一。考古学家发现，克尔木齐人善于用石头雕琢冶炼青铜的坩埚，在新疆奇台县一处克尔木齐文化遗址中出土的石坩埚口径近20厘米，高近40厘米，并有圆形的长柄。这口石坩埚的样式竟然与河南安阳出土的一口商朝陶坩埚——“将军盔”如出一辙。两者的差别之一是材料，安阳坩埚用陶土烧造，而奇台县的坩埚用石头雕琢；差别之二是年代，安阳陶坩埚的年代比2 000

多千米之外的那口石坩埚晚了好几百年。由于商朝的冶金术很先进，并没有经历自然红铜冶炼阶段，因此其青铜冶炼术应该来自西亚，通过欧亚草原带传入中原地区。克尔木齐人的这口石坩埚，佐证了青铜技术从西向东的传播过程。

草原蝴蝶舞动毁灭的双翅

融贯东西方的克尔木齐人在北疆草原称霸没多久，欧亚草原带上风云突变，在克尔木齐文化西面兴起了一股驾驶双轮马车征战的强大势力，他们向东挺进，对克尔木齐人构成了极大的威胁。此外，在克尔木齐文化北方，也有一群手持单钩长矛和空首铜斧的强大势力兴起，向南扩张。克尔木齐人难以抵挡多方强敌的压力，不得不避其锋芒，向南、向东迁移，其中的一支越过东天山，南下到达罗布泊地区，这就是小河墓地人群的来历。

那个手持长矛与铜斧驱赶了克尔木齐人群的亚洲北部势力，就是奥库涅夫人群，他们最早活跃在西伯利亚叶尼塞河中游的米努辛斯克盆地，名字来源于最早发现这种文化的村庄名。关于米努辛斯克盆地要多介绍几句，这个盆地位于南西伯利亚地区，靠近中国的新疆与蒙古国的西北边境，盆地内分布着山地、丘陵、草原、山谷等不同的地貌，拥有丰富的森林、水、岩石矿产等有利于人类生存的自然资源。相对封闭的自然环境使其易守难攻，因此外界的战事对当地人群的侵扰较小。在青铜时代，这里是一些重要的草原文化人群的摇篮。米努辛斯克盆地甚至还与遥远的中原地区发生过文化联系。

作为欧亚草原带的一员，奥库涅夫人群的基因型也融合了东西方人群的基因。他们以畜牧经济为主业，兼营捕鱼和狩猎。奥库涅夫人群能够压制克尔木齐人群，可能是因为他们的青铜技术更加先进。他们采用先进的锡青铜铸造技术，红铜斧也采用铸造工艺，使得他们的单钩矛头和空首铜斧锋利无比。

奥库涅夫人群的精良武器是当时各路人马梦寐以求的宝物，所以在欧亚草原带东部的很多地方都发现过这种风格的武器。阿尔泰山一带自不必说，向西在欧洲与亚洲交界的乌拉尔山的墓地中就发现了 4 件奥库涅夫长矛，向东在中国甘肃西部的马厂文化遗址中也发现过 2 件长矛。在甘肃稍晚的一些文化，比如齐家文化和四坝文化遗址中，也发现了空首铜斧。

广泛分布的奥库涅夫武器并不代表奥库涅夫人群南征北战，建立了庞大的草原帝国，他们还没有强大到那个程度。实际上，不论是克尔木齐人群还是奥库涅夫人群，他们在试图向中华大地腹地东进的过程中，都遭遇了强大对手的顽强抵抗。这个强大的对手就是四坝文化人群。

四坝文化活跃在距今 3 900—3 500 年前的甘肃西部到新疆东部一带，向东毗邻齐家文化，而齐家文化再向东就是以二里头文化为首的中原各文化。

四坝文化人群应该是后来中国西北地区重要的族群——羌

人的主要祖先，从基因型来讲，他们应该以东亚人群为主体。由于更加靠近草原带和中亚，这批古羌人部落接触青铜文化非常早，从草原带输送而来的各种动植物资源，也被他们广泛种植和驯养。在西北地区干旱的环境中，古羌人部落种植大麦和小麦，放牧山羊、绵羊、牛、马。四坝文化人群吸收了很多来自西方的武器技术，拥有透銎斧、有銎矛和三叉护手剑等青铜武器，他们的很多武器能够在草原带上找到原型。有趣的是，他们的文化中还有权杖头这种器物，这是典型的来自西方世界的文化元素，是权力的象征。古埃及文明就广泛使用权杖头，西亚等地也流行这种器物。中国境内最早的权杖头出土于甘肃天水的遗址中。权杖头在中国西北地区的分布呈现出东早西晚的特点，新疆地区权杖头的出现时间晚于甘肃地区，这种器物显然是西方起源的，这再次说明很多西方物产、技术、文化都是顺着草原带向东传输，然后再从蒙古高原南下进入中华大地的。

正是古羌人部落盘踞在甘肃西部、新疆东部一带，向西势力范围抵达哈密盆地，顽强地抵御了以克尔木齐文化、奥库涅夫文化为代表的阿尔泰部落的东进，使得融合东西方基因型的西域强大势力只能停顿于新疆，驻足不前，否则，也许中华大地上的很多文化人群会更多地融入欧亚大陆草原带西部人群的基因。

但是，青铜时代的草原带风起云涌，青铜武器和马拉战车已经成为强势人群的标准配备，一拨又一拨的草原部族策马飞奔，激烈地争夺地盘和财富，中华大地树欲静而风不止。

距今约 3 400 年前，米努辛斯克盆地内又孕育了一支强大的草原族群——卡拉苏克人群。卡拉苏克人兴起后向相对温暖的南方扩张，从而进入了中国新疆北部草原，成为影响中国西北地区的一支力量。从基因型上看，卡拉苏克人群既有草原带西部人群基因，也有南西伯利亚原住民人群基因。卡拉苏克文化的最神奇之处在于，它与同时期中原地区的强大势力商朝有技术和文化交流。曲柄青铜刀是卡拉苏克文化的标准配备，这种器物与中国北方流行的一些款式很相似；卡拉苏克人使用的陶器风格也与中国北方的流行风格相似。

通过对青铜器演变的分析发现，以米努辛斯克盆地为根据地的卡拉苏克文化和中原地区有过交流，卡拉苏克人的凹格剑、兽首剑、铃首刀剑、弓形器等，都受到了中国北方的影响。在米努辛斯克盆地还发现了少量的三足蛋形瓮，这种器物最早出现在中国山西中部。反过来看，中国北方地区的很多兽首风格的刀剑可能受到了卡拉苏克文化的影响。

为什么相距数千千米的草原强权和中原强权之间会如此“眉目传情”？

卡拉苏克文化纵横草原五六百年，时间跨度涵盖了商朝的大部分时期和周朝早期。在青铜时代，青铜就是当时的高科技、当时的战略物资。相对来说，商朝地处中原，拥有东亚其他势力无可比拟的青铜矿产资源和青铜产量，以及无与伦比的冶炼技术。一个强大的草原强权很自然地会希望“抱大腿”，结交商朝这样的“科技大国”和“资源大国”，希望从商朝那里获得青铜器和青铜技术，哪怕两者相距数千千米。更何况，商朝族群很可能是从北方地区迁徙到中原地区的，他们与北方地区乃至草原带有很深的渊源。

吊诡的是，卡拉苏克文化的强盛，竟然间接导致了商朝的灭亡。

卡拉苏克人能够与商朝人互相交流，这意味着两个政权之间的空间里已经填充了足够多的族群，他们充当了远距离文化交流的接力手。不论是中国北方地区还是蒙古高原上，都有许多族群生活，他们彼此之间或战或和。卡拉苏克人扩张，势必引发一轮族群大混战和大迁徙。

就像是多米诺骨牌一样，推倒第一张骨牌，就会引发一连串骨牌倒下。当卡拉苏克人驾驶着战车向南、向东挺进时，原本生活在北疆草原的那些阿尔泰部落在压力下往东南方向寻找生存空间，于是又挤压了盘踞在新疆东部、甘肃西部的古羌人部落；古羌人部落又把这种压力沿着河西走廊向东传导，影响了甘肃东部和陕西的各个族群。在那些族群中，有一支就是周人。

史书记载，周人早期生活在“戎狄之间”。按照商朝人对外部族群的定义，西边的族群曰戎，北边的族群曰狄，周人恰好就位于西北方向上，最初可能活跃于甘肃东部到陕西西部一带。史书还记载，周人的早期首领古公亶父因为族群受到戎狄各族群的威逼，率领部众从豳这个地方向东南迁徙到岐山下的原野，这就是所谓的亶父迁岐事件，从此周人的历史翻开新的篇章，在岐山下的周原逐渐壮大自己。再然后，周人挥师东进，在商朝因为与东夷作战而耗尽精力、后方空虚之时，周人带着与戎狄交往而获得的青铜武器、马拉战车，偷袭了商朝的都城朝歌，竟然一战定江山，消灭了强大的商朝，以“小邦”克“大邦”，建立起属于自己的朝代。

史书的记载透露出当时族群大迁徙的秘密。从卡拉苏克人、阿尔泰部落、古羌人、周人再到商人，军事压力从南西伯利亚的米努辛斯克盆地释放出来，层层传导，最后压向了中原地区。南西伯利亚的卡拉苏克举起青铜刀剑隔山打牛，中原地区的600年商王朝轰然倒地。

草原上的一只蝴蝶轻舞自己的翅膀，万里之外的中原掀起了一场改朝换代的血雨腥风。

周人推翻商朝后，继承了商朝的青铜文化，并在青铜铭文上标榜自己的祖先是如何的贤能，自己的族群是多么的伟大。但是，不论周人如何在青铜器上粉饰自己族群的早期历史，抢占道德制高点，都不能否认他们的族群源头应该也属于戎狄之一，不能否认他们在西方传导的军事压迫下向东寻找生存空间的事实。好在他们的东进成功了。

从克里木齐人南下罗布泊到周人克商，大约1 000年中，“西域争霸”的基本态势是草原族群占优势，他们往往来自西方的草原带或者北方的南西伯利亚草原，一拨又一拨地向东、向南扩张自己的势力范围。面对强敌的侵袭，逃避不是解决之道，周朝需要拿出应对之策，既要攘外，也要安内。

宅兹中国，以御四邻

追溯“中国”一词的最早出处，人们就会提到一件国宝级青铜器——何尊，以及何尊上的那句铭文——“宅兹中国”。

武王伐纣获得决定性胜利后，苦苦思索如何统治如此广大的疆域和众多的人口，他对大臣周公旦说，还没有定下都邑，彻夜难眠。从上天的规律看，洛地距离天室（上天都邑）不远，以后应该在那里修建一座都邑。这个故事记录在先秦古籍《逸周书》中。

打败商朝后只过了两年，周武王姬发就去世了，周成王姬诵即位，他的母亲是吕尚的女儿，吕尚也就是人们常说的姜子牙，“姜太公钓鱼——愿者上钩”典故的主人公。周成王继承父亲遗愿，开始在成周（即洛地）修建都城，并召集宗族，进行训诰。一个叫何的贵族铸造了一件青铜尊，在尊内底部刻上铭文，纪念这一重大事件。这就是何尊的来历。

在何尊的12行122字的铭文中，出现了“余其宅兹中国，自兹乂民”的语句，“中国”一词首次现身于历史长河之中。

关于何尊铭文“中国”两个字的解读，学者们仍在讨论，但基本一致的意见是，这件青铜尊为西周早期铸造，当时所说的“中国”，并非现代人理解的“中央之国”的含义。一部分学者认为，铭文“中国”是说洛地交通便利，处于天下之中的有利位置。另一部分学者则认为，“中国”的“中”字表示上古时期人群祭祀和战争时所用的建鼓，一种由高杆挑起的鼓。今天中国西南地区的苗族等少数民族在丧葬仪式上仍然使用建鼓这样的乐器。所以，“宅兹中国”的含义是“在洛地居住，在洛地祭祀”。而且从句式上分析，“宅兹中国”和“自兹乂民”应该是同类句式，后面的“乂”字是治理、安定的动词含义，因此前面的“中”应该也是动词含义，表示祭祀。在商周时期，维系族群精神的祭祀仪式几乎是头等大事。从周武王根据周人的上天信仰，选择洛地作为未来都城的修建地点来看，把“中国”理解成“在洛地祭祀”可能更为合理。

所以，何尊铭文反映的是周灭商后周朝上层的国家内部建设，当时刚刚经历了剧烈的改朝换代，国内局势仍然不稳定。铭文中一句“唯武王既克大邑商”，就反映了胜利来之不易，是以蛇吞象，显然巩固胜利也并非易事。周朝王室必须设法把贵族们紧紧凝聚在一起。周朝充分发扬了中华文明的根基——祖先崇拜传统，建立了影响深远的宗法制度，设立了天子、诸侯、卿大夫、士的阶层，宗族内部根据嫡长子继承制设有大宗和小宗之别，让贵族们各自明白自己的地位。根据地位的不同，能够享受的祭祀级别也不同。

这就是周朝的“安内”。安内的同时，周朝还要“攘外”，抵御来自周边的越来越强烈的侵扰，明确本族群、本国与外族群、外国的界线。

其实，在商朝中后期，商人就已经感受到北方、西方其他族群的威胁。商朝的边境经常受到敌人的骚扰，比如在一片甲骨上记载，有一天“工方”入侵商朝，劫掠人口。又一天，卜师问商王，接下来会平安吗？商王看了卜骨后判断，情况不妙。过了几天，消息传来，“土方”从西面入侵商朝，占领了两个城镇。而西北方向的“羌方”也是商朝的主要对手之一，在最早的一批甲骨文中，就记录了商朝杀掉羌人俘虏祭祀。同样，羌人肯定也不会饶过商朝人，双方的战事旷日持久。一度弱小的周人就曾经依附商朝，协助商朝对付西面的这些强敌。

通过甲骨文，商朝人把那些对本国有很大威胁的各方族群“记录在案”。但是，在甲骨文记录之外，商朝人可能并不了解的是，青铜时代的草原带正在发生深刻的社会变化，正是这种变化让商朝人以及此后的周朝人无法安然入睡。

当时的草原上，由于马、牛、骆驼等大型动物的驯化完成，草原人群对于草原特性的了解增多，畜牧经济正在向游牧经济演变。

一般来说，畜牧经济往往只是农业人群的一个“副业”或者若干“主业”之一，畜牧人群仍然需要农耕经济的支撑。比如考古学家发现，在距今6 000年前的伊朗北部山区，人们主要从事灌溉农业，也饲养山羊和绵羊，以畜牧经济补充农耕经济；向西到高加索山区，那里的农耕与畜牧并重，家畜以牛、羊、猪为主；再向西到东欧，那里不仅有农耕和畜牧经济，人们也保留了狩猎和采集生计。

游牧经济虽然是从畜牧经济中演变而来的，但是与畜牧经济有本质区别，游牧经济已经能够独立于农耕经济之外自行运转，游牧人群在草原上赶着牲畜四处游走，以放牧这些牲畜为自己的主业，甚至是唯一的主业。畜牧人群的活动范围有限，往往围绕自己的农业据点小范围迁移；游牧人群的活动范围很大，不同的季节他们有不同的牧场，既保障了牲畜有充足、新鲜的青草吃，又保障了草原不会因集中过度放牧而退化，反而因牲畜的踩踏和排泄物滋养而生长得更佳。

这正是草原生态系统的有趣且独特之处。生物学家知道，森林生态系统属于人为干预越少越好的系统，而农耕生态系统则强烈依赖人为干预才能良好运转。与前两者不同，草原生态系统的繁盛需要人力干预，但又不能过度干预，它是草地、牲畜和游牧人共生的一种系统，草、畜、人之间相互影响，通过游牧经济活动实现动态平衡。

游牧人群对于草原规律的掌握也有一个过程。比如，在3 000多年前的欧亚草原带西部，当时的畜牧人群每20多年就会整体性地迁徙扩张，原因是经过多年的使用，本地的草场发生了退化。这类人群应该就是最早尝试游牧的人群，游牧经济可能最初是在草原的一个小范围内产生的，但是游牧人群一出现，他们对于游牧空间的需求就驱动他们向外扩张，而为了在不断迁徙中获得各种补给，不论是食物还是工具，他们会纵马闯入邻近定居的畜牧社会和农业社会中，严重威胁畜牧人群、农耕人群。这个过程迫使很多人群武装自己，于是产生了分化：要么增加自己的机动性，也变成游牧人群之一；要么提高聚落防御力，更多地依靠农耕社会的优势——粮食、人口以及技术，与游牧人群对抗。

如此一来，古代世界的两大阵营——农耕社会与游牧社会，就在这种动荡局势中慢慢浮现。从世界范围看，距今4 000—3 000年前，被称为“游牧世界对农耕世界的第一次大冲击”。过去，有所谓的雅利安人大扩张之说，雅利安人是生活在欧亚草原带的游牧族群，他们从公元前14世纪起从中亚入侵古印度，创造了印度历史上的吠陀文化；从公元前1 200年起入侵古希腊，消灭了迈锡尼文明。

其实，当时这场游牧族群的大扩张，可能并不是某一个族群制造的，草原带上游牧经济的扩散，加剧了各个族群的征战和迁徙，所以站在农耕世界的角度看，似乎是草原带上涌现出了成千上万的马上族群，要来灭亡自己的文化。

游牧族群的大扩张，很可能与草原上的“战车革命”有关。大约距今3 700年前，在两河流域的北方，轻便、坚固的马拉战车登上历史舞台，当时的战车可以同时将一位驭者和一位弓箭手载入战场，把机动性和武力结合在一起，根本性地改变了古代世界的战争模式。历史学界曾经把驾驶马拉战车冲出草原的族群统称为雅利安人。

很快，马拉战车横扫两河流域的古巴比伦，然后西进突入古埃及，向东突入古印度。几百年后，马拉战车远远扩张到了北欧斯堪的纳维亚半岛，以及中国的北方，那时正是商朝的后期。

20世纪上半叶种族主义流行时，德国纳粹曾经宣扬自己的日耳曼民族源自古老高贵的雅利安人，其理论来源之一就是本书第一章谈到的德国学者海克尔。其实基因分析表明，现代日耳曼人中继承雅利安人基因者只有20%左右；与古老的雅利安人血缘最紧密的现代人群，是德国纳粹从种族上进行贬低的现代俄罗斯人、乌克兰人和波兰人。这真是对种族主义者的一种讽刺。这种基因分布其实很好理解，雅利安人是草原带的游牧人群，与其血缘关系最近的肯定是有更多草原血缘背景的人群，而不是有更多农耕血缘背景的人群。

现在，让我们回到东方的商周。周朝取代商朝，本质上就是欧亚大陆上游牧族群大扩张引发的一个结果。商朝是以农耕为主的王朝，周朝取代商朝之后，也从一个农耕兼畜牧的西北势力转化为以农耕为主的中原王朝。游牧族群掀起的冲击浪潮，是两个王朝不得不面对的挑战。

西周的灭亡也与游牧族群威胁有直接的关系。我们都知道“烽火戏诸侯”的故事，周幽王为了博美人褒姒一笑，点燃报警的烽火台，多次戏弄赶来救援的诸侯。后来犬戎真的来攻打周朝的镐京，诸侯无视烽火，镐京被攻破，周幽王被杀，西周灭亡了。

这则东方版“狼来了”的故事戏说的成分很多，不过有些信息可能是符合历史事实的。为了抵御来去如风的游牧族群的袭击，周朝肯定会设立预警系统，邻近的诸侯会共同组成防御体系，一旦有变，立即赶来救援。历史学家目前认为，犬戎是在周朝出现内乱的时候被其中一方请来助拳的力量。

犬戎在史书中也被写作猃狁，是活跃在甘肃、陕西一带的游牧族群。猃狁在西北地区的强势表现，佐证了周人东进灭商确实是“压力传导”的过程，并非周人强大到占据西北地区后的行为，周人是被其他西北族群赶向东方的。即使周朝建立后，猃狁也仍然是周人的梦魇。《诗经·采薇》中写道：“采薇采薇，薇亦作止。曰归曰归，岁亦莫止。靡室靡家，猃狁之故。不遑启居，猃狁之故。”这首诗描写的是周朝戍边将士的抱怨，豌豆采了一年又一年，一次又一次说可以回家，却总是回不了家，都是因为猃狁这个凶悍之敌。

翻开中国地形图，我们会看到一个半圆弧的山地区域围绕着东部、南部的大片平原区域，这个山地区域由燕山山脉、阴山山脉、贺兰山山脉、横断山脉构成。在畜牧经济流行的时代，中国北方地区不同人群的文化面貌其实差距不是很大。在这个山地区域，人们既从事农耕，也从事畜牧，毕竟畜牧经济是非常依赖农耕经济的，所以山地人群与中原农耕人群有着很深的文化联系。即使远在蒙古高原与黄土高原交界的石峁文化，也呈现出农耕社会的很多特点，以农业为主业，兼顾畜牧业，修建坚固的定居点，等等。但是，当游牧经济席卷欧亚草原带时，出现了流动性非常强的草原族群，他们来去如风，远程军事打击能力强大，严重威胁山地区域的族群乃至身后的中原农耕政权。

在对立与冲突的过程中，游牧社会与农耕社会走向了截然不同的发展模式：一个更加强调机动性，草原族群逐渐向游牧国家演进；另一个更加强调稳固性，农耕族群逐渐向农耕国家演进。两者之间山地区域的那些曾经的畜牧族群，处于腹背受敌的境地，拼机动性、战斗力不如草原族群，拼人力和物产又不如农耕族群，逐渐被两边的强敌吞并了。

比如历史上的山戎，在考古学家那里叫作夏家店上层文化人群，而夏家店下层文化人群就是和石峁文化人群有冲突的东北族群，山戎是其后续，是一个兼具农耕与畜牧的政权。在东周时期，强大的山戎曾经把燕国等北方诸侯国打得很惨，直到春秋首霸齐桓公挺身而出，号召东周列国“尊王攘夷”，九合诸侯，向北驱逐山戎。山戎很可能是在中原王朝与草原游牧政权的夹击下灭亡的，此后那片区域崛起了一个游牧政权——东胡。

另一个更靠近中原的山地区域政权是孤竹，其曾经长期盘踞在燕山山脉南北和太行山一带，也是中原王朝的重点打击对象。齐桓公讨伐孤竹后回师，却迷路了，于是依靠老马的记忆力找到了道路，这就是“老马识途”的典故由来。

基因研究也反映了山地区域族群的尴尬境地。比如在内蒙古靠近陕西边界的朱开沟遗址，年代为距今 4 000 多年前到距今 3 500 年前。通过对该遗址中出土的古人牙齿进行 DNA 鉴定，发现其主要是亚洲东部的人群基因型，尤以中国北方和中部的基因型为主。在那个年代，朱开沟地区的人群可能从事的是畜牧经济，从基因型上看，他们与南面的中原地区人群很相似。

在朱开沟遗址向东不远处还有另一处遗址，大概属于东周晚期也就是战国时期的遗址。从基因分析看，这个后来的遗址人群的基因型延续了朱开沟人群的基因型。但是，从当地的墓葬看，出现了两种截然不同的丧葬风格：一类墓葬中墓主头向东，另一类墓葬中墓主头向北。考古学家推测，前一类墓葬可能属于游牧族群丧葬风格，而后一类墓葬可能属于中原族群丧葬风格。这表明南北方的农耕政权和游牧政权的文化都对这个中间地带施加了影响力。

所以，华夏文化意义上的“中国”是如何在人们的心中形成的呢?

因有四邻，始有中国。

为了抵御四面八方与本族群文化不同的其他族群，尤其是北方、西方强大的游牧族群，华夏族群的“中国”概念形成了。中国与四邻有着经济和政权模式的本质区别，从而导致了文化与文明的差异。如果把目光放长远、放广阔，我们会发现，文化中国的产生，既是中华大地族群自身文明发展的结果，也是西北地区乃至整个欧亚草原带变革传导而来的力量使然。

这就是欧亚大陆上的蝴蝶效应，那时的欧亚大陆已经紧密联系，没有哪个区域是孤岛。

族群扩张：从生物基因到文化基因

从距今 4 000 多年前到距今 2 000 多年前，“短短的” 2 000 年里，整个欧亚大陆就从诗意的旷野变成了拥挤的闹市，不论是在适宜农耕的平原和盆地，还是在适宜游牧的草原、适宜渔猎的丛林，每个族群的人口都实现了大量增加，整块大陆上的族群摩肩接踵、摩擦不断。

从基因角度看这段岁月，我们的祖先们以族群为单位扩展自己的势力范围，也扩展着自己的基因分布区，其过程明显可以分为前后相继的三种模式。

第一种基因扩展模式就是本书第二章所说的“填空模式”。在大陆上还有许多渺无人烟的处女地时，族群的扩展基本上是填补自然环境中的空白，从事农耕或畜牧的族群迁徙到没有其他人类占据的新空间中，把那里变成自己的家园。当然，说那些处女地完全没有人烟，并不是很准确。狩猎采集人群也曾经广布整个大陆，只是他们的人口密度太小，族群规模也很小。所以，在农耕族群和畜牧族群闯入他们的空间时，人数过少的狩猎采集者要么被消灭、要么被同化，要么远遁山林更深处。

在“填空模式”下，一块新空间的族群基因是与他们的故乡族群一致的，至少短期内是一致的。族群与族群之间有着较为分明的基因型差别，分子生物学家也很容易追踪这些族群的起源地。由于起源地不同，族群扩张时继承着各自的文化，因此族群与族群之间的文化差别也很大。克里木齐人南下罗布泊之举基本上可以算是这种模式的扩展。

第二种基因扩展模式是“群体替代模式”。此时渺无人烟的处女地已经很难寻到了，每一块区域都有族群生活，只是族群有大有小，族群的文化各不相同。族群之间还很陌生，交往很少，文化差异甚至语言差异很大，于是族群与族群之间会视对方为无法沟通的“异类”。在自然环境变化的压力下，或者纯粹为了争夺更好的生存环境，强大的族群会去侵占弱小族群的生存空间。很多弱小的族群要么被消灭，要么被驱赶到其他的区域，鸠占鹊巢，该空间的族群发生了替代。

在“群体替代模式”下，空间的族群基因发生了替代，从原来的原住民基因型变成了新居民基因型。也许有极少量的弱小族群成员被强大族群接纳，但是由于人口基数相差很大，社会地位也相差很大，这极少量成员没有或者很少有后代，他们并未给强大族群的基因库增添什么新基因型。奥库涅夫人驱赶克里木齐人、卡拉苏克人驱赶阿尔泰部落的过程，大体上属于这种模式。

第三种基因扩展模式是“上层更换模式”，此时各个族群都有相当多的人口，彼此之间也有所了解，不论是语言、文化还是经济，都有一定的交流存在。族群与族群之间的战争是靠专业化的军事力量来进行的，最终某个族群的政权被推翻，过去的上层王族、贵族更换为新的上层王族、贵族，而其下的黎民百姓仍然还留在原地，接受新统治阶层的管理。

在“上层更换模式”下，一个区域的基因型变化会比较复杂。底层广大民众的基因型会保持不变，而上层统治者的基因型可能会发生更换，并且与底层民众的基因型不一样。也有可能，新的统治者与旧的统治者本来就基因相近，这时候政权更迭甚至不会带来基因型的变化，不论是上层王族、贵族还是下层民众。这个时候，发生变化的是文化基因，而不是生物基因。

文化基因的概念可以追溯到半个世纪以前，英国著名科普作家理查德·道金斯在《自私的基因》中仿照基因（gene）提出一个新词——谜米（meme），用来描述“文化的复制基因”。在他看来，文化上的一个观念、一种行为在人群中被模仿、被传播并流行开来的过程，其实与生物学上的基因通过生物繁殖而遗传和传播的过程十分相似，不同谜米即文化基因之间的生存竞争关系，也与生物基因之间的竞争在原理上类似。当人类社会发展到一定程度，萌生出各种各样的文化时，这种文化基因的竞争也就产生了。

在“上层更换模式”下，生物基因的更换可能是较少的，但文化基因的更换可能更为重要，对于族群的影响更大。因此，当古代社会迈入人口众多的族群相互竞争的时代时，文化基因之间的竞争就成为主流。某一族群、政权与其他族群、政权之间的分野，可能并不是生物基因，而是文化基因。

以中原地区的族群扩张为例，当农业养活了更多人口时，农耕族群开始向有耕种潜力的空旷区域一拨拨地扩张，他们或者携带着北方的粟、黍等作物，携带着南方的水稻等作物，或者携带着西方传来的小麦、大麦，走向新的原野并将其改造成农耕区。这个时候基因的流动是“填空模式”。当各种文化族群并立而起，开始争抢比较好的资源环境时，就进入了“群体替代模式”，比如中原一些强势文化的对外拓殖群体对于南方或北方山区一些弱小族群的驱赶。

再往后，像周朝取代商朝这样的历史事件，就呈现出“上层更换模式”的特征。周朝以小邦掀翻大邦，原来的商朝统治者换成了周朝统治者，而商朝的底层民众成了周朝的底层民众，他们该种地的还是种地，该畜牧的还是畜牧。从基因上讲，也许周朝的上层会给中原地区注入一些西北地区的基因型，但其实这种基因的交流早在周朝取代商朝之前就已经开启了。中原地区族群的生物基因变化很小，真正改变的是文化基因，周的宗族礼仪文化逐渐确立，并替代了商的那种包含鬼神信仰的文化，然后逐步强化了中原地区乃至更广阔区域的族群的“中国”文化认同。

处在春秋时期的孔子评论管仲的言论，生动地表达了当时贵族阶层的文化认同观念。根据《论语》记录，子贡对孔子说，管仲不能算仁者吧？齐桓公杀了管仲原来的君主公子纠，管仲却不去殉死，反而辅佐了齐桓公。孔子回答说，管仲辅佐齐桓公称霸于各路诸侯，匡正天下秩序，民众至今都享受着管仲的恩惠。“微管仲，吾其被发左衽矣。”（如果没有管仲，我们大概都会披散着头发，衣襟向左边开了。）

孔子最在乎的是头发是束着的还是散开的，衣服是向左开襟还是向右开襟，这就是族群的文化认同，以孔子为代表的春秋贵族最为珍视的，是他们的文化基因。

在那个时代，有着共同文化基因的中原王朝，正在以其充足的粮食产量和庞大的人口基数，发动向四方的“文化基因扩张”，此前由西向东朔风劲吹的基因扩张与文化扩张趋势，即将发生东西大逆转，西域争雄的下半场大幕拉开。

小贴士

食奶影响了人类历史

自从人类能够捕获大型哺乳动物，比如骆驼、马、牛和羊，人类就接触到了一种优质的蛋白质食物——动物的奶。但是，人类曾经很难有效消化吸收奶的营养成分。这是因为哺乳动物包括人类必须借助体内的乳糖酶来分解、消化奶中含有的乳糖蛋白质。大多数哺乳动物只在婴儿时期拥有这种神奇的乳糖酶，能够消化母亲的乳汁，长大后体内的乳糖酶就消失了。人类曾经也不例外。

幸亏有了天赐的基因突变，让一些人群拥有了特殊的乳糖酶基因，即使长大成人，体内也拥有乳糖酶，能够消化动物的奶。这个特殊基因出现的时间大概在距今 9 000 年前，出现的地点很可能在欧亚非大陆的西部，因为现代人中，欧洲人和非洲人中拥有这种基因者很多，而亚洲人、美洲人普遍缺少这种基因。具体来说，东亚、东南亚的现代人群中有高达 85%~100% 的成员没有这种基因，而北欧的现代人群中只有不到 10% 的成员缺少这一基因。

人类对于动物奶的日常食用，可能起源于万年之前。考古学家通过分析古代陶器碎片上吸附的残留脂类判断，亚洲西部可能是最早食用动物奶的区域。这个时间与乳糖酶基因出现的时间非常接近，基本上可以认为两者是同时发生的。也许人类在历史上曾经多次尝试喝动物的奶，但都无福消受，直到有一天，人类突然发现自己能够消化动物的奶了，从此以后，动物奶成为这些人及其后代的日常饮品之一。

人类饮用动物奶的直接证据，来自科学家对于先民牙结石的研究。他们分析了蒙古国中部和阿尔泰山一带古人牙齿上的牙结石，这些古人大概生活在距今 5 300 年前，属于欧亚草原带东部先民。牙结石所含的蛋白质成分显示，那些古人的确饮用了牛奶和羊奶。

看起来，经过约 5 000 年的传播，食奶方式随着驯化动物的扩散，已经到达了蒙古高原上，这个过程中一定伴随着乳糖酶基因人群的扩散。考古学表明，5 000 年前的确有一支来自欧亚大陆西部的古老文化向东扩散。

中国境内发现最早的食奶证据，恰恰来自新疆小河墓地。考古学家发现墓主人的颈部和胸前散布着一些淡黄色的块状物，在随葬的草篓里也有类似的颗粒状物，值得分析。结果表明，这些东西基本上是牛奶制品，以及少量羊奶制品。进一步的蛋白质分析表明，块状物和颗粒状物的蛋白质还不一样，颗粒状物应该是全成分奶的残留物，而块状物以酪蛋白为主，缺少乳清蛋白，这说明那是奶酪，而且是用乳酸菌发酵牛奶制成的，现代名称叫“开菲尔奶酪”。这个发现把世界开菲尔奶酪的制作历史推进到了距今 3 600 年前，它也是中国境内目前发现的最早的奶制品。

同样是在蒙古地区，在距今 3 200 年前的古人牙结石中，科学家分析出了马奶的成分。在这个时期，马奶消费与马的骑乘技术同时在欧亚草原带的东部出现，这反映了当时草原上的重大转变，即人群正在从定居性较强的农耕-畜牧社会转向游牧社会。此后到了匈奴帝国时代，马奶已经成为人们生活中的常见食物。

从人类需求来说，从马、牛、羊身上提取的奶类食品，比单纯宰杀它们获得的肉类食品能够提供多几倍的能量，更不用说其他营养成分了。人类驯养和繁殖马、牛、羊的过程，也是对它们进行基因改良的过程，让它们向着更为温顺、产肉和产奶更多的方向进化。野牛与家牛在体型和性情上的明显差别，证明了上万年来人类对于牛的进化的人工干预。

乳糖酶基因在草原带的传播，是否增强了草原人群的力量，使他们对于周边区域有了更大的影响力？这是一个值得深究的话题。

然而，地处草原带南面的华夏地区的人群一直缺乏乳糖酶基因。虽然黄牛、绵羊乃至马匹相继进入中原地区，但是华夏地区的农民们能够饮用动物奶的人寥寥无几，因此西亚、中亚的农民很早就挤奶并大量食用动物的奶，这种方式在华夏地区一直没有普及，那些动物主要还是作为肉食和毛皮来源而被豢养，以及用作农耕和拉车畜力。

假如古代东亚地区的人群出现了乳糖酶基因突变，而西亚地区人群却缺乏这种基因，人类历史也许会是另一番面貌呢。

第六章

逆转山河

汉匈掀起西进狂飙

当棺盖被几位考古人员合力抬起时，棺内合葬的男女遗骸以及从未被扰乱的随葬物品仍然保持着下葬时的场景。墓主身上覆盖的织物中，一件色彩斑斓的织锦在灰尘遮蔽的墓室里是如此的醒目，立刻吸引了考古人员的目光。当这块织锦被缓缓展开时，鲜艳的蓝、白、红、黄、绿花纹之间，露出了蓝底白色织出的汉字“国”“东方”“五星”等字。当织锦全部展开时，汉字组成的语句让在场者脱口而出：“五星出东方利中国！”

这次考古挖掘的是新疆和田地区的尼雅遗址，时间是1995年10月。在棺盖被打开的此前一天，一位北京大学的考古学家刚好带着一面五星红旗赶到尼雅遗址挖掘现场，他的名字叫齐东方。这块织锦上“五星出东方利中国”的文字与考古学家齐东方、五星红旗之间出现了神奇的巧合，成为此后人们津津乐道的考古学界趣事。

其实，这块织锦的神奇故事还未结束，织锦上文字所揭示的族群演变历史同样神奇。

藏在织锦里的精绝与南羌

织锦上的文字与齐东方、五星红旗和中国之间的巧合，给人们增添了谈资，但从学者的角度看，这些只是巧合而已。这块织锦是西汉王朝的皇家工场织造品，正如本书上一章所说，不同时期的古人对于“中国”的解释是不同的。西周人所说的“宅兹中国”，指的可能是他们进行祭祀的洛地，对应着天上的都城位置。在西汉，“中国”基本上还是指代东周人所说的洛地及其周边的中原地区，是地理概念而非国家名称。“五星”在西汉的时候，指的是夜空中的太白、岁星、辰星、荧惑和镇星五星，即人类用肉眼能够看到的夜空中的五大行星。在东汉道家阴阳五行学说兴起后，这五颗星的名字被改为金星、木星、水星、火星和土星，这些名称沿用至今。“五星出东方利中国”说的是天象上五颗行星都会聚于东方天空，中国地区就大吉大利。反之，如果它们都会聚于西方天空，“外国用（兵）者利”。

“五星出东方利中国”这句话其实并不完整。在墓室中还出土了一件织锦残片，它与“五星”织锦其实是同一件织物，它们的花纹都是一致的，这件织锦残片上还有三个字——“讨南羌”，因此织锦上的完整语句应该是“五星出东方，利中国讨南羌”。

尼雅遗址在当时属于精绝国，这个墓室里刻有“王”字的陶罐表明，墓主应该是精绝国国王。那么，相距遥远的西汉与精绝国为什么会发生联系？“南羌”又是哪里呢？

让我们先从精绝国的基因探寻那段历史。

尼雅遗址在1901年由英国探险家斯坦因发现，他从遗址里带走了大量的文物，轰动了欧洲学术界，尼雅遗址也被称为“东方庞贝城”。1995年，中日联合考古队深入塔克拉玛干沙漠，对尼雅遗址再次进行发掘。尼雅遗址中出土了西亚风格的玻璃器，希腊风格的艺术品，犍陀罗（位于今巴基斯坦东北部和阿富汗东部的古国）的装饰图案，古印度的棉织物，中原地区的锦、绢、漆器、铜镜、纸片等。可以说，这里是古代中国、古印度、古希腊和古波斯四大古代文明的一个罕见交汇点。

科学家对尼雅遗址一个男性成年个体股骨上所含的线粒体DNA进行了检测，发现他的基因型属于欧亚大陆西部的基因型，与西亚和伊朗人群的基因关系最近，而与东亚人群没有基因联系。对比新疆其他遗址的古代人群DNA，科学家发现同属和田地区的一处于阗国遗址的人群DNA与尼雅遗址人群相近。于阗国与精绝国同属塔里木盆地南缘的昆仑山下区域，历史上于阗国还曾经吞并精绝国，所以两国人口基因相近并不奇怪，但它们与西亚、伊朗人群基因相近，这还是能揭示出一些人群迁徙的往事。

根据碳十四测年，尼雅遗址的年代在距今2 200—1 500年前，从西汉时期一直延续到南北朝时期，而于阗国遗址的年代在距今 2 200—1 700 年前，从西汉时期到三国两晋时期。学者们猜测，在精绝国出现之前，应该就有一支西亚、伊朗基因人群翻越帕米尔高原，进入塔里木盆地南缘，在昆仑山与塔克拉玛干沙漠之间的绿洲上生活，甚至向东扩张。到了西汉，汉武帝命张骞出使西域，凿穿了汉朝与西域各国的阻隔，汉朝开始对西域各国包括精绝国产生影响力。

从基因型上讲，精绝国人群有着西方的基因型，与汉朝的东亚基因型是不同的，但这并不妨碍精绝国与汉朝交好。那块“五星出东方，利中国讨南羌”的皇家织锦，很可能就是汉朝赠送给精绝国国王的礼物，被精绝国王室视作具有压制敌人的神秘力量的物品，在去世时也要带入地下随葬。

那么，要征讨的“南羌”又是哪里？

南羌，也叫南山羌。所谓南山，指的就是昆仑山。张骞出使西域回到汉朝后，向汉武帝汇报说黄河的源头就在于阗国，而上古传说中的昆仑山应该还在更西边。根据河流发源于于阗国的山脉，刚好于阗国又出产玉石，与古籍中记述的昆仑山很吻合，于是汉武帝金口玉言，宣布于阗国的南山就是昆仑山。

现在我们知道，黄河发源于巴颜喀拉山脉，并非昆仑山，而古籍记载的传说中的昆仑山，虚无缥缈，不能深究实际对应的山脉。当时的张骞与汉武帝并没有今天我们的科学知识和科学素养，判断有误不足为怪。汉武帝定名的昆仑山倒是一直流传至今，指代塔里木盆地南缘的一线高大山脉，在那时，西域绿洲国家习惯称呼其为南山。

南山羌就是昆仑山上的游牧族群。从族源来说，南山羌很可能来自古羌人部落，并融合了周边其他部落的部众。南山羌曾经蛰伏于汉朝的羁縻之下，后来试图北渡湟水寻找合适的土地定居而发动了叛乱，其背后也许有汉朝的死敌匈奴的支持。公元前 61 年，汉朝大将赵充国以 70 岁高龄率军出征，征讨反叛的羌人，临行之前，汉宣帝赐书“今五星出东方，中国大利，蛮夷大败”，先讨个好口彩。赵充国很快平定了叛乱，然后又积极地在当地屯田，使当地长治久安。

所以，绣有“五星出东方，利中国讨南羌”的织锦，很可能是这次胜利后制作的“宣传品”，然后礼赠昆仑山附近的绿洲国家，精绝国获得了一件。

精绝国国民属于欧亚大陆西部基因型，那么南山羌人是不是属于土生土长的欧亚大陆东部基因型呢？也未必。古羌人及其直系后裔基本上属于欧亚大陆东部基因型，但南山羌人不仅继承了古羌人的基因型，他们可能还融入了另一支重要族群——小月氏人的基因，而小月氏人是有着欧亚大陆西部基因型的族群，因此历史上的南山羌可能是东西合璧的，族群与基因是融合的。

匈奴和它的草原敌手

既然有小月氏，那就还有大月氏。既然谈到月氏，那么我们可以正式引出秦汉王朝的死敌——匈奴。要搞清楚西北地区的族群演变，匈奴是无法回避的重要族群。

从历史上看，匈奴自战国时期登上历史舞台，开始威胁战国七雄中的北方三强——秦、赵、燕，一直到东汉时期被汉朝联合鲜卑等部众打垮为止，匈奴与以中原为核心的华夏王朝缠斗了几百年。然而，如此重要的草原强权，它的很多细节还没有搞清楚，比如匈奴的族源仍然是个谜团。

难点在于，匈奴是一个欧亚草原带东部的部落大联盟，它囊括了广阔区域里各种背景的部落，很可能融合了西伯利亚、亚洲东部、中亚、西亚甚至欧洲基因型的族群。所以，从扩展模式来说，匈奴是很典型的“上层更换模式”，匈奴很可能从一个核心的部落，通过不断的征服过程，把各个部落的部族都纳入自己的统治，那些部落原来的上层贵族要么被替换掉，要么臣服于匈奴单于，成为单于管理各个部落的代理人。

既然匈奴政权的族群来源多样，一言难尽，那么我们能不能确定构成匈奴政权统治核心的单于族群的来源呢？

分子生物学家曾经对蒙古国境内一处匈奴时期墓地内的60多具遗骸进行基因检测。这处墓地的年代为距今约2 000年前，正好是匈奴称霸蒙古高原的时代。通过分析后发现，墓地中近九成人的基因型属于欧亚大陆东部基因型，约一成人属于欧亚大陆西部基因型。学者们还曾对蒙古国东北部另一处匈奴贵族墓地的三具遗骸进行基因检测，发现一位是西部基因型，两位是东部基因型。

所以，至少从墓葬中的匈奴人基因分析，匈奴族群中的大多数应该是土生土长的欧亚大陆东部族群，主要来自欧亚草原带东部的各种部落。但是，至少在2 000年前，匈奴人中有一部分人属于欧亚大陆西部来源的族群或其后裔。基因型比例虽然确定了，但我们还是无法确定匈奴单于一族的族源归属，是属于占多数的欧亚大陆东部族群的一员，还是属于占少数的欧亚大陆西部族群的一员呢?

语言学的分析也面临着这种尴尬的情况。几十年来，语言学家试图根据秦汉王朝对于匈奴一些专有词汇的直译发音，与各个族群的语言进行比较，以确定匈奴人讲什么语言。既然是一个部落大联盟，匈奴人内部肯定也是讲各种语言的。但是，汉文文献中记录的一些专有词汇，一般来说应该是匈奴上层使用的语言，是单于一族的语言。语言学家们长期争执匈奴人所讲的语言应该属于突厥语系统还是蒙古语系统，没有定论。

基因学和语言学在匈奴单于一族族源追寻过程中陷入了困境，这反映了基因学和语言学在研究族群来源时的局限。

从分子生物学上讲，学者们是用过去古人的DNA与今天生活在欧洲、非洲、亚洲、美洲的人们的DNA进行比较，以判断古人的族群来源。可是，现代人是古人的后裔，而不是相反。用现代人的基因来判断古人的族群类别，从逻辑上是本末倒置的。例如，现代欧洲人的祖先可能并不是生活在欧洲，而是生活在西亚，所以欧洲人祖先的基因型很可能与西亚某些族群更接近，而与现代欧洲人的基因型略远一些。当我们在欧洲某地发现古人 DNA 与现代西亚人群接近，而与现代欧洲人群较远时，我们要认识到，这类古人完全可能是欧洲人的祖先。

对语言学来说也类似，用现代蒙古语和现代突厥语来比较匈奴人的语言，也是本末倒置。真实情况是，匈奴人的语言可能影响了现代蒙古语和现代突厥语的形成，很多匈奴人的词汇、语法被后来的蒙古人等继承和使用，并流传到了今天。所以，后人可以在现代蒙古语和现代突厥语中找到与匈奴人语言相似的证据，但不能说匈奴人讲所谓的古代蒙古语或者古代突厥语。

那么，基因和语言能告诉我们什么？各个现代族群的亲疏远近。此外，基因还可以通过突变速率，讲述两个族群最初分开时的大致时间。我们要知道基因和语言研究的局限性。

回到匈奴单于一族族源的探讨上，如果能够发现大量的匈奴人墓葬，并且明确哪些是匈奴单于一族的墓葬，哪些是普通匈奴人的墓葬，然后分别提取 DNA 进行分析，应该会对探索匈奴单于一族的来源有一定的帮助。除了利用基因和语言研究外，还必须借助其他各种信息来分析，包括考古学的各种发现，以及古书中的记载。

《史记·匈奴列传》记载："当是之时，东胡强而月氏盛。"在战国后期到秦朝这段时间里，中国北方草原上三强鼎立，西边是月氏，中间是匈奴，东边是东胡，匈奴早期的势力范围是被东西两强限制的。从这个草原格局判断，匈奴的单于一族也许是蒙古高原本地的族群，或者是从更北边的贝加尔湖地区南迁而来，不太可能是来自中亚或西亚的草原带族群。

特别是盘踞在匈奴西边的月氏，其实力和背景都颇为强大。还记得卡拉苏克人吗？从族群和语言上看，月氏很可能是卡拉苏克人的后裔之一，因此从基因型上讲，月氏很可能有更多的欧亚大陆西部基因型。月氏族群可能讲一种古老的语言——吐火罗语，所以月氏以及相关的族群也经常被称为“吐火罗人”。吐火罗人在中国境内的活动，可以追溯到克尔木齐人以及南下到罗布泊的“小河公主”的族群。

月氏在早期匈奴的西边活动，但是学界对其具体的势力范围有所争议。中国史书记载月氏与另一个族群乌孙“共在敦煌间”，“俱在祁连、敦煌间”。如果按照今天的地理名称，祁连山在青海与甘肃交界处，是河西走廊南界的山脉，而敦煌在甘肃省西部，是河西走廊的最西端。因此，按说月氏应该活跃在今甘肃河西走廊以及北面邻近的蒙古高原西部一带。

但是，基因研究挑战了这个说法。针对月氏活跃的时代，学者们在甘肃、宁夏、陕西、山西等古代遗址中获得的古人DNA表明，这些地区都是欧亚大陆东部基因型，并没有欧亚大陆西部基因型的存在。同时期的新疆地区是欧亚大陆东部和西部基因型共存的，来自西方的族群可能扩张到新疆东部就止步不前了。所以，拥有欧亚大陆西部基因型的月氏势力可能并没有到达甘肃的河西走廊。

那么，古书中所写的月氏“俱在祁连、敦煌间”该如何解释呢？正如我们前面谈到的昆仑山名字的变化一样，“祁连山”一词在古代的指代也是很混乱的，所指的山脉并非今天的这个祁连山。根据语言学家的研究，不论是昆仑山、祁连山还是今天新疆的天山，它们的名字其实都来自吐火罗语里的“圣天”的含义，汉地史书应该是根据吐火罗人对山脉的称呼而记录下来这些名字的。所以，“祁连、敦煌间”里的“祁连”无法明确是哪条山脉，但应该是在今新疆境内，可能是天山或者昆仑山，甚至可能是阿尔泰山。

总之，月氏活跃的地区在今新疆的北疆草原以及更北方，这就是基因研究带来的新认识。

月氏一度非常强大，以至匈奴不得不送出“质子”到月氏。《史记》中描写：“单于有太子名冒顿。后有所爱阏氏，生少子，而单于欲废冒顿而立少子，乃使冒顿质于月氏。”冒顿在没有成为匈奴单于之前，有一段日子是在月氏当人质的，可见在当时的草原上，月氏比匈奴更强盛。

不过，在冒顿杀死欲置自己于死地的老单于，成为匈奴的新单于后，匈奴迎来了扬眉吐气的时代，向西击败了月氏，杀死月氏首领，用其头颅当盛酒的器皿，月氏“及为匈奴所败，乃远去，过宛，西击大夏而臣之，遂都妫水北，为王庭。其余小众不能去者，保南山羌，号小月氏”。

月氏的西迁如同多米诺骨牌，只不过这一次，骨牌是从东向西倒了。月氏先是占据了乌孙人盘踞的伊犁河谷，也许是匈奴兵锋太急，月氏不得不继续西迁，越过实力一般的大宛，向西渡过阿姆河，攻取了大夏，以大夏的都城蓝氏城作为自己的都城。

过去人们根据月氏和乌孙“俱在祁连、敦煌间”的记载，以为乌孙也曾经在河西走廊活跃，后来趁着匈奴赶跑月氏而占据了伊犁河谷。但是，如果基因研究是对的，月氏和乌孙的势力都在新疆境内，那么乌孙可能原本就活跃在伊犁河谷，在强大的月氏的西边偏南。这样一来，月氏从东北方向来袭，乌孙就首当其冲，乌孙残部向东逃到吐鲁番盆地避难，在地理上就解释通了。

在匈奴的打击下，月氏一分为二，主力西迁，抢占了中亚的土地，后来建立了贵霜王国，但中国史书仍称呼其为“大月氏”。那些没有西迁的小部分部众，则从伊犁河谷向南避走昆仑山麓，与当地族群融合，形成了南山羌，也就是“五星出东方利，中国讨南羌”里的打击对象。

北方草原三强中的另一强——东胡，也遭受了崛起的匈奴的毁灭性打击。《史记》中以文学化的语言描写了东胡势力一次又一次敲诈匈奴，索要名马、美女和土地，冒顿忍耐了几次后终于爆发，带领匈奴击破了麻痹大意的东胡。在相当长的时间之后，蒙古高原东部兴起了鲜卑和乌桓，鲜卑在北，乌桓在南，两个族群在东汉末年就开始威胁到中原王朝。因此，人们曾经提出，东胡解体后，一部分向北躲入鲜卑山，另一部分则躲入南方的乌桓山，鲜卑和乌桓都是东胡的后裔。

如果当时的草原还处于“群体替代模式”，一个族群在迁徙的时候会整体性地保持自己的基因型，那么说东胡是鲜卑和乌桓的祖先，并无问题。可是，在“草原三强”匈奴、月氏、东胡并立的时代，甚至这个时代之前，草原就已经进入了“上层更换模式”，匈奴击破东胡，赶跑的可能只是东胡的少量上层一族，大量的民众应该还留在原地，他们摇身一变，从东胡人变成了匈奴人。这就是古代草原上的常见场景，大量的部落都是随风倒，某个势力崛起控制了这些部落后，大家就都以这个势力作为族群和政权的名称了，这就是我们前面所说的文化基因和文化认同。

至于几百年后从丛林和深山里走出来的鲜卑一族、乌桓一族，他们是否真的是逃跑的东胡上层的直接后裔呢？答案很大概率是否定的。

同理，月氏西迁，也只是一部分族众的迁移，只不过月氏本是草原强权，即使遭受匈奴打击，仍有足够的军事实力击败中亚的一些族群，赶跑上层一族，占据他们的地盘和民众。就拿大夏都城蓝氏城来说，这个名称是汉地史书的音译，它的本意是“亚历山大城”，是古希腊的亚历山大大帝东征后留在当地的希腊化部族所建立的城市。显然，这些希腊化部族构成了大夏的上层，统治着当地的大量原住民。月氏鸠占鹊巢，也不过是对统治上层进行了又一次更换而已。

东风吹散楼兰梦

向西推动多米诺骨牌的推手并不只有草原新霸主匈奴，中原王朝经过春秋战国的乱世历练，早已不是曾经的吴下阿蒙，向西的反扩张从秦朝还只是秦国的时候就开始了。

考古学家在陕西临潼发现了一处秦朝陶窑劳工的墓葬，他们可能是烧制兵马俑的劳工。通过对里面出土的遗骸的 DNA 进行检测，分子生物学家发现，这些劳工中的大部分是欧亚大陆东部基因型，但是也有若干劳工的基因型属于欧亚大陆西部，其基因型可以追溯到中亚和伊朗等地。这说明秦朝甚至之前的秦国境内已经融入了很多来自欧亚大陆西部族群的后代，人口和基因的交流很早就发生了。

当然，这个事例只是说明了欧亚大陆西部基因型的东进，那么欧亚大陆东部基因型的西进又是怎样的情景呢?

国外学者曾经对中亚出土的几十具古人遗骸进行 DNA 检测，发现在距今 2 700 年前，中亚地区的古人还不存在欧亚大陆东部基因型，这说明在中国的东周时代之前，亚洲东部地区的族群基本上还没有向西渗透到中亚，不论是草原带东部的族群，还是中原地区的势力，可能都无暇或无力西进。

不过在此之后，随着亚洲东部草原和中原各路豪强纷纷崛起，东部族群向西渗透的现象开始出现。

在天山南麓的新疆中部和静县一处遗址，学者分析了其中 9 具人骨的 DNA，发现他们中 7 人的基因型属于欧亚大陆西部或西伯利亚类型，2 人的基因型属于东亚地区类型。这个遗址的年代为距今 3 000—2 500 年前。另外，对于新疆东部吐鲁番盆地内青铜时代到铁器时代的墓地出土的人骨 DNA 分析也表明，其中约 2/3 的墓主的基因型来自欧亚大陆西部，约 1/3 的墓主的基因型来自欧亚大陆东部。

这些分析说明，从距今 3 000 年前开始，亚洲东部人群正在慢慢地向西域地带渗透。虽然从基因型上看，西域地区仍然以欧亚大陆西部人群为主，但东部人群的数量也不容忽视。

有趣的是，在距今 2 500—2 000 年前的塔克拉玛干沙漠中心地带的圆沙古城墓地中，墓主 DNA 分析表明，这里的人群与中亚南部和印度河流域的人群关系最密切。看起来，在东亚人群西进的同时，古印度文明圈的人群也在北进，有少量人群进入了今新疆南部。

整体上看，在汉朝之前，亚洲东部人群的西进是比较零散的，并不像之前欧亚大陆西部人群那样一拨一拨地东进那般汹涌澎湃。自汉朝开始，东亚大帝国羽翼丰满了，亚洲东部人群西进的规模越来越大，整个西域地区各人群的基因型变得越来越纷繁复杂。

比如楼兰古国，位于今新疆若羌县北部，是汉朝人从中原地区西出阳关后遇到的第一个上规模的西域政权。在当时人的眼中，出了玉门关、阳关，就跨出了汉地文明圈的范围，“劝君更尽一杯酒，西出阳关无故人”，进入了异域。从族群上说，楼兰古国在最初立国之时，楼兰人可能确实与汉地族群有很大不同。从地理上说，楼兰人活跃在罗布泊一带，前面谈到的“小河公主”的族群也在罗布泊附近生活，因此也有人把小河墓地人群称呼为古楼兰人。但是，小河墓地人群生活在距今 4 000—3 500 年前，是否与后来的楼兰古国族群有亲缘关系，很难判断。

楼兰国名最早见于历史，是在西汉时期匈奴冒顿单于给汉文帝写的一封信中。在信中，冒顿说自己派右贤王向西攻破月氏，斩杀了降兵，并平定了包括楼兰、乌孙在内的二十六国，使其都归顺匈奴，所有引弓之民都合并为一家。从这封信中可以看出，楼兰原本是受月氏羽翼庇护的，在月氏被匈奴击败后，又向匈奴称臣。汉文帝时期，距今 2 100 多年前，这个时期的楼兰古国与“小河公主”的时代相隔了 1 500 年上下。

不过，从楼兰古国原本臣服于月氏的史实分析，在匈奴攻破月氏之前，亚洲东部人群向西渗透的频率应该很低，因此楼兰古国最初的族群也许以欧亚大陆西部人群基因型为主。但是，随着匈奴赶跑了月氏，控制西域各国，匈奴大联盟的人群想必会向西渗透，或者以通婚的方式，或者以驻军或经商的方式。前文已经谈到，匈奴人中大部分属于欧亚大陆东部基因型，因此他们的基因型应该会掺入楼兰古国人群中。

与匈奴缠斗的汉朝当然不会坐视匈奴控制西域，楼兰古国作为西域的东大门，成为汉朝首先要拉拢和控制的对象。从汉武帝时期开始，汉朝就积极在西域屯田养兵，对抗匈奴。当地一处遗址中曾经出土汉文木简 70 余枚，上面记录了屯田士兵的来源和生活状态，比如“里公乘史隆家属畜产衣器物籍”。“公乘”代表汉朝的一种爵位，“史隆”是人名，这句话表明，当时去西域屯田的官员是携带家属以及私人生产生活用品的，他们肯定会与当地人并肩劳作和生活，彼此融合是显而易见的。

另据史书记载，西汉的一位贰师将军索励曾经率领酒泉、敦煌的上千士兵前往楼兰屯田，并召集几个西域政权的人马，截断河水以供灌溉之用，结果“大田三年，积粟百万，威服外国”。汉朝调集军民到西域屯田，是控制西域、对抗匈奴的重要手段，这个过程中，中原王朝人群的基因型必然会有很多掺入楼兰古国之中。

除了匈奴和汉朝官方行动带来的亚洲东部人群东进外，原本就活动在西北地区的一些族群，也会在漫长的历史中彼此渗透，比如羌人，既然他们能够与月氏融合形成南山羌，那么他们同样会与楼兰古国的居民融合。考古学家在楼兰发现了一件魏晋时期的汉文书信，内容是一位生活在楼兰的女性羌人思念远方的亲人。这是羌人融入楼兰的直接证据之一。

在汉朝乃至匈奴的卓力经营下，楼兰可谓兵精粮足，到东汉时期，已经改国名为鄯善的楼兰古国在西域东部扩张，“小宛、精绝、戎卢、且末为鄯善所并”。可惜，这差不多算是楼兰古国最后的辉煌了。西域脆弱的自然环境与中原的千里沃野不一样，并不适合大规模地屯田开发。经过汉朝涸泽而渔式的大量用水屯田，楼兰古国的生态环境逐渐退化。

等到东晋的高僧法显前往天竺也就是古印度求法，路过罗布泊时，那里已经是黄沙笼罩的死亡之海。在《佛国记》中，法显写道：“上无飞鸟，下无走兽，遍望极目，欲求度处，则莫知所拟，唯以死人枯骨为标识耳。”一度繁荣的楼兰古国已经无影无踪了。最后的楼兰人走向了何方？

汉朝与匈奴的数百年争霸，间接带来了穿过西域的丝绸之路的繁荣，也激发了西域地区的族群大融合。在此之前，商贸往来和族群交流更多的是通过北方的草原带进行的，因为草原带上的交通更为便利。但是，东亚两强的长期对立阻断了通过草原带的商贸和族群交流，逐利的商人、弘法的僧人不得不改道虽然不便但是还算通畅的丝绸之路，沿着天山南北的两条路线、昆仑山北麓的一条路线东西方向旅行。

从一定意义上讲，正是草原之路的阻断激发了丝绸之路的兴盛，同时给西域注入了大量来自东方的族群基因。几千年中，先是欧亚大陆西部族群的持续东进，后是欧亚大陆东部族群的反向西进，伴随着中亚南部和南亚族群的少量北进，共同缔造了新疆——世界人种博物馆的历史美誉。

羌藏携手走高原

秦汉王朝的西进，首当其冲的还不是以楼兰为代表的西域绿洲政权，而是西北地区特别是河西走廊一带放牧马、牛、羊的羌人。历史上的羌人分布范围很广，主要以青海、甘肃为中心。周人、秦人在入主中原之前，就曾经与羌人杂居在西北地区。

黄河上游有一条重要的支流——湟水，湟水谷地曾经是上古时代的一块风水宝地。那里发现了距今3 000多年前处于青铜时代的卡约文化遗址，年代相当于中原地区的西周时期，应该属于古老的羌人文化。根据遗址出土人骨DNA分析结果，他们的母系遗传基因与现代西南地区少数民族的基因更接近，特别是与云南省的现代普米族亲缘关系最近，而与现代汉族的基因较远。

在湟水谷地另一处距今1 900—1 700年前的文化遗址中，人骨DNA分析结果表明，这支人群的基因与现代汉族较近，与云南的藏族、纳西族也很接近。这处遗址的年代相当于中原地区的东汉到三国时期，根据史书记载，东汉晚期羌人在西北地区给大汉王朝制造了很多麻烦，东汉屡次兴兵讨伐羌人，在这个过程中，以董卓为代表的军阀崛起，并敲响了东汉的丧钟，然后曹操、孙权、袁绍等诸侯讨董卓，开启了纷纷扰扰的三国时代。

两处不同时期的遗址反映出的基因信息，给这段历史注入了新的注解。羌人并不是一个纯粹的族群，而是中原王朝对于西北很多族群的统一称呼。在西周时期，羌人似乎还没有受到中原王朝很大的影响；此后在强势秦汉王朝向西的压迫下，羌人这些族群面临着何去何从的选择。一部分羌人族群被秦汉王朝纳入自己的体系，这个过程肯定会引发羌人与汉人在族群和基因上的融合。西晋末年，羌人首领姚苌曾经建立后秦政权，与各路势力一道逐鹿中原。其实当时的少数民族并非中原王朝的外来入侵者，他们本来就是被秦汉王朝纳入体系的族群，甚至各个族群之间已经有了很深的基因融合，往往你中有我、我中有你，把这些少数民族视作文化族群而非基因族群，可能更为恰当。

另一部分羌人可能由于种种原因，并没有进入秦汉王朝的体系中，或者是由于彼此敌对很深，或者是由于彼此文化隔阂，这批羌人走向了迁徙之路，为躲避强敌，他们可能向南远走，成为今天西南地区彝族、白族、哈尼族、纳西族、傈僳族、拉祜族、普米族等少数民族的祖先族群之一。

还有一部分羌人向西走入了青藏高原，他们成为今天藏族的祖先族群之一。

藏族的祖先向青藏高原的进军，是以北方农作物作为武器的。根据考古发现，距今 5 200—3 600 年前，携带着粟、黍的农耕人群就已经在青藏高原东北部低海拔河谷地区大规模定居了。此后，一种重要的耐寒农作物——裸大麦也就是青稞出现了，给古人提供了占据高原的新武器。

通过对现代藏族人和周边其他民族人群的基因比较，分子生物学家发现，藏族人中的两种基因型的分布比例，与粟、黍作物从东向西传播的分布趋势吻合得很好，而且与仰韶文化遗址的人群在基因型上有联系。这说明藏族人最早的祖先可能来自仰韶文化人群，至少可以追溯到四五千年前走向高原去种植粟、黍的那批古人。这次迁徙过程，是从低海拔的青海河谷向高海拔的青藏高原的扩张。

距今 3 300 年前，藏族人的祖先人群中广泛拥有这两种基因型。也就是在这个时候或者稍早，即卡约文化时期，他们开始种植青稞，并携带着青稞走向高原深处，最终大规模定居在雪域高原上。

在这些勇敢的开拓者中，除了那些粟、黍种植者的后裔外，也加入了羌人族群的身影。此外，甚至还有中亚和南西伯利亚族群的基因也融合到了高原族群中。这些族群可能与羌人类似，在匈奴与汉朝向西扩张的历史背景下，为了寻找生存空间而辗转来到青藏高原。别忘了，大麦本来就是跟随小麦沿着草原之路传输到东亚的，中亚与南西伯利亚族群很早就开始种大麦了。

再往后，距今 2 000 年前，青藏高原高海拔地区的人群又经历了一次较大规模的扩散，这是高原内部的一次融合过程，基本上奠定了现代藏族人群的基因型分布。

在开拓高原的过程中，藏族先民还培育了身强力壮的好帮手——家牦牛。牦牛驯化的历史最早可以追溯到距今 7 300 年前，根据基因的研究，在距今 3 600 年前，家牦牛群体出现了激增。与青藏高原的考古学相对应，高原史前人群分别在距今 10 000—7 000 年前和距今 4 000—3 000 年前经历过两次大规模的增长，前者可能是仰韶温暖期时走入高原的狩猎采集人群，后者显然属于农耕人群。牦牛的驯化和群体扩张，与人类在高原上的活动在时间上十分吻合，这说明古人与牦牛是携手征服高原的。虽然目前发现的家牦牛的最早实体证据出土于距今约 3 750 年的拉萨曲贡遗址，但是从家牦牛的基因多样性看，环青海湖地区的家牦牛的基因多样性最丰富，这暗示家牦牛的起源地应该在青海东北部的青海湖附近，那里也是湟水谷地的位置。根据这些信息，我们可以猜测，也许是羌人先民最早驯化了家牦牛，他们本就是擅长畜牧和游牧的人群。

牦牛的驯化，对于藏羌先民永久性定居高原至关重要，使他们摆脱了只能季节性进入高原谋生的旧方式，代之以高原畜牧和游牧的生活方式，并极大地改善了他们从事农耕的技术条件和畜力条件。

总之，如果要追溯藏族人的祖先，最基础的族源来自种植粟、黍的仰韶文化人群，然后又融合了羌人乃至中亚、亚洲北部的少量族群。到吐蕃王朝时期，吐蕃人在基因上已经与现代藏族人很相似了。考古学家曾经发掘青海省都兰县的一处吐蕃贵族墓葬，发现他们的基因型属于亚洲东部类型，分散于现代藏族人中间，虽然时间相差千年以上，但基因上并没有明显的差别。

如前所述，藏族人的体内有来自古老的丹尼索瓦人的特殊基因，这让他们能够在高原缺氧的环境中生活自如。这种基因到底是哪个族群带来的，仰韶文化人群、羌人还是中亚和南西伯利亚人？我们已经很难知晓了。这种特殊基因一开始肯定只存在于族群中的少数人体内，拥有这种基因的人在高原上具有生存优势，后代越来越多，这种基因在群体中的所占比例也就越来越高了。

藏族人还把这种特殊的基因传递给了“喜马拉雅山上的挑夫”——夏尔巴人。夏尔巴人由于为攀登珠穆朗玛峰的登山者当挑夫和向导而闻名于世。

关于夏尔巴人的族源，学者们曾经有不同的看法，一般认为他们可能源自古羌人的一支。在藏语中，夏尔巴的意思是“来自东方的人”，所以也有学者猜测他们可能是西夏国的王族后裔。

基因研究找到了夏尔巴人的族源。通过对500多名夏尔巴人DNA的分析，发现他们其实与藏族人不论是在父系基因还是母系基因上，都共享着基因型，这个群体并非直接来自古羌人，更不是什么西夏王族后裔，他们是藏族人的一个比较晚近的分支，两个族群分离的时间大约在距今1 500年前。当时正值青藏高原上部落间彼此征伐比较剧烈的时期，吐蕃王朝诞生前夕，也许夏尔巴人的祖先为了躲避战火而走向了喜马拉雅山区。他们的体内也继承了藏族族群源自丹尼索瓦人的特殊基因，因此在险峻的雪峰上也如履平地。

分别崛起于草原与中原的匈奴帝国和秦汉王朝，开启了欧亚大陆东部基因型的西进浪潮，昔日向东倾倒的多米诺骨牌，此时完全逆转，匈奴与秦汉兵锋所向，西北地区各个族群、政权或降或走。这股浪潮并没有因匈奴和汉朝的灭亡而停歇，反而在此后的历史中持续汹涌，此后闪亮登场的若干草原帝国如突厥、柔然、蒙古与华夏王朝如隋唐，都积极向西拓展势力范围，激发持续的族群融合。

帝国时代不仅是生物基因的扩张，而且是文化基因的扩张。

在此之前，从散落在大地上的部落到部落联盟，进而到最早的文明古国，总的趋势是社会组织形式日趋复杂，广袤大陆上文化基因的多样性也相应在增加。但是，在秦汉与匈奴这样的大帝国登上欧亚大陆的舞台后，东亚地区的各路文化开始上演大鱼吃小鱼的一幕，文化基因的多样性逐渐减少，广大地区的文化面貌渐趋一致。

这是因为生物基因进化是遵循达尔文"适者生存"原理的，而文化基因进化遵循的是类似拉马克的"用进废退"原理。

目前流行的进化论是以达尔文的理论为基础，加入了现代基因的概念形成的，对生物进化的描述是：生物基因不断发生突变，大自然对这些突变进行选择，那些有益于生物生存的突变基因会保留并扩张，那些不利于生物生存的突变基因则被淘汰，整个生物种群进化得更加适应环境。

人类肤色的进化，就符合达尔文进化论的描述。在大约200万年前，人类的体毛变少了，就在那个时期，人类进化出了深色皮肤基因，以避免被非洲的强烈阳光伤害，这种基因因适应环境而扩张。当现代智人走出非洲，来到阳光并不强烈的北部欧洲、亚洲时，深色皮肤反而成为劣势，浅色皮肤基因能够让人体合成更多维生素D，成为更适应北部欧洲、亚洲环境的基因，因此欧洲和亚洲现代智人中的浅色皮肤越来越普遍。一般来说，达尔文式进化的过程是缓慢的。

而拉马克的进化论认为，生物的某些特征使用得越多，就进化得越有优势，于是保留并扩张；某些特征使用得越来越少，就退化，被淘汰。这就是“用进废退”。从生物基因角度看，拉马克的学说基本上是错误的，因为我们使用某个特征并不会改变自己的基因，后代也不会获得强化这个特征的新基因。在进化生物学领域，人们经常拿达尔文的进化论与拉马克的进化论进行比较，批判后者的理论。

但是，在文化基因领域，一种文化使用（推崇）的人越多，就越占优势，并通过自身的扩张迅速瓦解其他文化，夺取其他文化的资源为我所用，甚至把其他文化人群转变为自己文化的信徒。这就有点儿拉马克的“用进废退”原理的味道了。

秦汉帝国向西挺进的过程中，也把华夏文明的政治、经济、文化特征传输到西北地区，很多西北地区的戎狄文化甚至绿洲文化遭受了沉重的打击，要么彻底消失，只留下了遗址供后世的考古学家探寻其古老文化；要么远走他乡，寻找新的家园，延续本族群的生物基因和文化基因。

生逢帝国时代，对于弱小的文化人群是不幸的，但这就是历史，这就是人类社会的生存竞争和自然选择。接下来我们将看到，那些在南方地区山岭中散落的古老文化人群，与西北地区的人群有着同样的无奈。

第七章

客从何来

史诗般的人口南下洪流

高山顶上水淼淼，
白鹇拖拖过山坳。
石拐咕咕水上跳，
万顷梯田尽妖娆。

早春的深山里飘出阵阵山歌，那是梯田边劳作的人们在低吟浅唱。江西崇义客家梯田背靠赣南第一高峰齐云山，高低海拔落差达到千米，层层田块沿着山坡向上展开，最多的一处梯层达到了 62 层，印证了那句俗话："山有多高，水有多高；水有多高，田就有多高。"

客家人是这处气势磅礴的梯田的创造者。早在唐宋时期，客家先民就已在群山中扎根，以自己掌握的农耕技术，因地制宜地化险峻山坡为万顷良田。客家人长期居住在江南丘陵环境之中，因此被称为"丘陵上的民族"，客家文化也被称为"古汉文化活化石”。

那么，他们为何自称“客家人”呢？敢问客从何来？

群山原来的主人又是谁？他们去向何方？

克里奥尔化的华夏

客家人素有“宁卖祖宗田，不卖祖宗言”，“宁卖身，不卖着”的说法，界定客家人的最主要标志是客家方言。客家人认为自己是汉人，讲的是古老的汉语。古老的语言与古老的文化，成为他们客居山岭所坚守的根脉。

因此，要追问客从何来，我们首先要面对一个大问题：汉从何来？

汉人这个族群是如何诞生的？汉语又是如何产生的？

众所周知，“汉人”这个名称与汉朝有关。秦末天下大乱，以项羽为首的昔日战国贵族后裔们起兵反抗秦朝的统治，最终推翻了秦朝。项羽对各路诸侯进行分封，刘邦被封为汉王，他带兵到秦岭和大巴山之间的汉中去。“汉中”这个名称应当来自流经该地的河流——汉水，长江的重要支流之一。刘邦以汉中为根据地，开启了与项羽的数年“楚汉争霸”，最终战胜项羽，建立了大汉王朝。“汉”来自汉中这个地方，此后汉朝、汉人、汉族等名称都与之有关。

绝大部分史书都是由胜利者书写的，往往会赞美自己、贬低对手、无视他者或弱者。其实，不论是商周王朝，还是秦汉大帝国，落在地图上的版图都不完全是真实的，中央政权没有完全控制那些面积，那个版图里并不是只有商人、周人、秦人或汉人。

比如，东周的周天子居住的洛阳周围，就布满了蛮夷戎狄这些族群。史书上甚至留下了相关的描述："当成周者，南有荆蛮、申、吕、应、邓、陈、蔡、随、唐，北有卫、燕、翟、鲜虞、潞、洛、泉、徐、蒲，西有虞、虢、晋、隗、霍、杨、魏、芮，东有齐、鲁、曹、宋、滕、薛、邹、莒，是非王之支子母弟甥舅也，则皆蛮夷戎狄之人也。"

如果我们把汉人群体出现前的中原地区古代人群称为华夏族群的话，蛮夷戎狄这些称呼，其实都是建立了商周的中原华夏族群对于周边族群的带有贬低意味的称呼。那么，这些周边族群在汉人族群形成的过程中起到了什么样的作用呢？他们的基因是否也融入了汉人族群呢？

分子生物学家选择了距今 5 000—750 年前的 8 个古代人群，分析了他们的线粒体 DNA 的情况。这 8 个古代人群既包括中原古代人群、山西陶寺古代人群、秦始皇陵劳工人群，也包括西北地区古代人群、东北地区古代人群，以及古代鲜卑人群乃至蒙古国境内发现的匈奴人群，这些古代人群整体上属于欧亚大陆东部的人群。然后，用这 8 个古代人群的基因型与现代汉族的 24 个群体进行基因比对，寻找古代人群与现代汉族群体在基因上的异同，从而揭示汉人的形成过程。

学者们的第一个发现是，所有古代人群均能在现代汉族人群中找到共享基因型的个体，而且都有一些个体只与现代汉族人群共享基因型，与其他现代族群不共享基因型。这说明什么呢？那 8 个古代人群都与现代汉人的祖先有亲缘关系，他们中的一部分人加入了历史上汉人形成的洪流。比如东北地区古代人群，他们有共享基因型的个体都只与现代汉族人群共享同一基因型，这说明东北地区古代人群确实对汉族具有一定的基因贡献。

第二个发现是，中原古代人群与现代北方汉族人群的基因型共享比例最高，西北地区古代人群与现代汉族人群的基因型共享比例也较高，而距今 4 000 年前的陶寺古代人群和东北地区古代人群与现代汉族人群的基因型共享比例较低，鲜卑人群、匈奴人群与现代汉族人群的基因型共享比例则最低。看起来，距离越近、年代越近的古代人群，对汉人形成的影响就越大；距离越远、年代越远的古代人群，影响就越小。

西北地区古代人群对于汉人基因贡献较大的事实，佐证了我们前几章所描绘的那些场景，南西伯利亚人群南下、东进，引发由西向东的族群迁徙，类似于多米诺骨牌；然后，匈奴与秦汉又开启了西进的浪潮，并把西北地区的氐、羌等族群纳入自己的体系。可以想见，有大量的西北古代族群先后融入华夏族群，他们的基因一代代地传递给了后来形成的汉人族群。

即使是距离中原地区很遥远的匈奴人群，也与现代汉族人群共享一部分基因型。历史上看，匈奴与秦汉两大强权之间存在着密切的经济文化交往和频繁的战争，并相互掠夺人口，这都会造成人群间基因的交流。就是在这样的接触与碰撞中，草原上的匈奴人群的基因融入了中原的汉人基因库。

综合来看，汉人群体主要起源于中原地区，距今 3 000 年前左右，中原古代人群在基因结构上就与现代北方汉族人群很相似了。四面八方的古代人群对于现代北方汉族人群都或多或少有一些基因贡献，当然这些古代人群与现代北方汉族人群也存在很多基因差异。

更进一步说，汉人族群的前身华夏族群显然也是融合了中原地区乃至周边很多族群而出现的。有些考古学家甚至认为，"华"和"夏"分别代表不同的古代人群。在史前时代的冰期和间冰期，北方草原带族群南下，南方族群北上，最终在中原地区相遇，使得中原地区成为亚洲东部的一个族群的熔炉，华夏族群的诞生，就是中原古代人群克里奥尔化的产物。

什么是克里奥尔化呢？

这本是一个语言史上的现象。大航海时代开启后，西班牙人、葡萄牙人和其他欧洲人殖民美洲大陆，经过第一代移民的打拼之后，殖民者在美洲生育了自己的后代。这些后代有着欧洲族群的基因，甚至还有着非洲黑人族群的基因，却是土生土长的美洲人，这些孩子聚集在一起玩耍、学习的时候，由于父母的来源背景有所不同，因此他们所说的话也各有不同。好在人的智慧是无穷的，这些孩子会创造性地进行交流，既使用从自己父母处学来的语言，也从同伴那里借来词汇，他们甚至还集体创造一些新的词汇。最终，这些殖民者后代形成了自己独特的语言，连他们的父母都不容易理解的语言。这就是克里奥尔语，而在美洲说克里奥尔语的人群，就被称为克里奥尔人。在今美国路易斯安那州等地，甚至还形成了克里奥尔地方菜，以大米、西红柿、秋葵、海鲜等为食材，辅之以重口味的辣椒调味。

当东南西北各方人群纷纷迁入中原地区时，东亚版本的克里奥尔化就启动了。各种语言交融在一起，最后酝酿出一道“克里奥尔大菜”——原始汉语。语言是重要的文化基因，说原始汉语的这些人，也交融了各自的文化，形成了共同的文化基因，他们就形成了华夏族群，此后汉人族群的核心。

从华夏族群演进到有着共同文化认同的汉人族群，也是一个漫长的过程。中原地区适合农耕，是华夏族群的根据地，但即便在这个区域里，也长期是多族群交错杂居的。农耕人群占据了适合开垦的平原和谷地，修筑了有一定防御能力的城邑。在商周时期，这些农耕区域如同岛屿一样分布在广袤的大地上，而远离城邑与农田的山岭丛林，则是狩猎采集人群、畜牧人群的家园。比如郑国、卫国以及鲁国的周围，就生活着很多戎人部落。郑国曾经被太行山里的北戎侵扰，卫国更是在戎人的威胁下不得不多次迁都，最后跑到了今河南濮阳，但是都城外面就有戎人居住。

对于春秋时期及以前的中原地带，我们可以戏谑地描述为“牧区包围农区”。

多族群比邻而居的状态，就会带来族群的通婚，发生基因的交流。《左传》中记载了一则故事。春秋时期晋国的晋献公有两个儿子——公子重耳和夷吾，他们的封地分别在蒲和屈，都在山西境内。由于内部权力斗争，两位公子打算离开封地逃到白狄去。重耳最后在白狄那里生活了 12 年。白狄是游牧人群，他们活动的区域其实离重耳的封地很近，而重耳选择到白狄避难的最大原因，是他的母亲狐姬就是白狄人。重耳即赫赫有名的晋文公，姬姓贵族，春秋五霸中的第一位霸主是齐桓公，第二位霸主就是他。这样一位华夏族群的重要人物都是族群融合的后代，当时普通民众之间的通婚融合就更是数不胜数了。

在春秋时期的东周列国向战国时期的七雄争霸过渡，一些小国被大国吞并的同时，那些散居在山岭丛林中的蛮夷戎狄部落也加速融入了华夏族群的政权，被绑上了群雄逐鹿的战车。或者从基因的角度说，这些部落的基因都流入了华夏族群的基因水库里。

不过，在战国时期，基因水库中的"主要水体"肯定是华夏族群，这是兴盛农业养育的众多人口所决定的。

战国七雄之间激烈的竞争，推动这些政权都基本上以"耕战"作为国家基本政策，积极鼓励农业开发，增加人口，因为人口就意味着生产力和战斗力。恰好在这个时期，铁器技术已经进入中华大地有一段时间了，铁制农具开始应用于耕作，进一步促进了农耕区的扩大。

当时，各个诸侯国都形成了自己的大片农耕区，比如以秦都咸阳为中心的关中地区、以齐都临淄为中心的山东中部、以魏都大梁为中心的豫中平原，都因粮食富足、手工业发达、商贸繁荣而被史家称道。司马迁就称赞战国时期的秦地“膏壤沃野千里”。其他诸侯国也并不逊色，比如齐国人口也非常密集，人称“鸡鸣狗吠相闻，而达乎四境，而齐有其民矣”；魏国“田舍庐庑之数，曾无所刍牧”，也就是说，几乎都没有可以放牧的地方了。如前所述，畜牧经济、游牧经济单位面积养育的人口与农耕经济相比，只是个零头。所以，在人口增长后，为了养活越来越多的人口，把畜牧区、游牧区变成农耕区，就成为古代政权的理性选择。

于是，原本“牧区包围农区”的中原大地早期景象消失了，那些原来从事畜牧、游牧乃至狩猎采集的部落也都消失了。他们融入了战国时期农耕人口的汪洋大海。从基因角度讲，农耕人口的基因构成了基因水库的“主要水体”，那些非农耕人口的基因则像是一滴滴雨水落入了池塘里。

这个池塘，就是汉人族群的基因库，它以中原华夏族群农耕人口为主体，接纳了一部分源自四面八方、从事各种生计的其他部落人口，待国土广大的秦汉王朝确立，“帝国时代”开端，汉人这个概念也很快得到了确立。

秦吞并六国之后，声威震动东亚，秦朝之人被称为“秦人”，显然被吞并的六国遗民并不一定认同，他们合伙掀翻了秦朝。但是，在汉朝建立后，汉朝之人自称或者被他称为“汉人”，已经得到了广泛的认同。即便后来汉朝灭亡，进入混乱的三国两晋南北朝时期，汉人这个有着“文化基因”的概念也被各个政权接受了，哪怕政权的建立者是非中原族群。正如史学家所言：“汉族之名，起于刘邦称帝之后。昔时民族国家，混而为一，人因以一朝之号，为我全族之名。自兹以还，虽朝屡改，而族名无改。”朝代名称虽然变幻无常，但族群都以汉人自称。

只是当汉之时，全国人口的情况是北方地区占据绝对优势。在西汉元始二年（恰好也是公元 2 年）的全国户籍普查中，北方地区户数占全国的 81%，广大的南方地区的户数只占 19%。这个人口格局，将随着人口的一次又一次南迁而被打破。

客家客家，男客女主

谈到汉人的南迁，最具代表性的南迁人群莫过于客家人了。今天全世界自称客家人的人口多达几千万，由于客家人在中国重点分布在广东、江西、福建等地，靠近沿海，因此海外华侨中也有很大比例的客家人，他们大多是下南洋的客家人祖先的后裔。

正如本章开头所讲，客家人极其重视自己的文化，特别是语言，想必是由于他们的祖先在从北方地区南迁的过程中经历了艰苦卓绝的与大自然、与周边敌对族群的抗争，而保持自己的文化传统，有助于提高本族群的凝聚力和战斗力。这就是文化基因的力量。

客家人与汉人族群之间的关系有多密切？他们的南迁路线是怎样的？他们与南方其他族群之间发生了什么故事？

这些问题的答案，就隐藏在客家人的基因里。

分子生物学家采集了福建长汀各地的客家男子148人的样本，以分析客家父系遗传的情况。结果发现，这个地区的客家人与汉族、畲族、侗族的基因型联系紧密。从比例上看，来自汉族的父系基因型占80%以上，来自畲族的父系基因型约占13%，来自侗族的不到7%。也就是说，这些客家人的父系祖先主体是来自汉人的，但是也有相当一部分来自畲族、侗族的先民，他们的基因也融入了这部分客家人社会之中。

但是，汉人是一个庞大的族群，全国各地的汉人族群在基因上也有差异。客家人的祖先是源自哪里的汉人呢？在这次研究中，分子生物学家把汉人族群分成了中原组、华东组、湖广组和西南组。福建的其他汉族基本上都可以归入湖广组，而长汀的客家人群体则属于中原组，他们与河北、山西的汉族人在基因上最接近。

所以，客家人自称是来自中原地区的汉人的后代，这个说法在父系基因上是基本上站得住脚的。只是需要补充一点，也有少量客家人的父系祖先是来自畲族、侗族先民的。

畲族是南方一个很复杂的族群，关于他们的起源学者们仍然议论纷纷。相对来说，他们与苗瑶族群的关系较为密切，所以有人猜测，畲族是唐宋时期从广东扩散的苗瑶族群分化形成的。而客家人在基因上也与苗瑶族群接近，应该是客家先民吸收了部分畲族先民的结果。

从一些特殊的基因突变判断，长汀的这个客家群体可能是从中原出发，向南进入湖北、江西，然后再转入福建西部的。他们在湖北时，与历史上的荆蛮族群发生了基因交流，融入了某种突变基因。至于少量侗族父系基因的来历，也许是这批客家人先民在途经江西时，与侗族先民发生了基因交流。

客家人的父系遗传以中原移民为主，那么他们的母系遗传是不是也以中原移民为多呢？

线粒体 DNA 的分析为我们揭示了有趣的一幕。客家人线粒体 DNA 上有一个基因缺失的变异，在客家人群体中大概 20% 的女性有这种变异。在中原汉族中这个比例是 10%，在畲族人群中这个比例是 15%，而在湖南、广西的苗瑶族群中这个比例高达 30%~50%。

假如这批客家人的最初先民都来自中原地区，他们后来增加的变异都来自苗瑶族群（我们可以把问题简化一下，把苗瑶族群的变异比例设定在 40%），那么客家人群体从 10% 的变异比例上升到 20% 的变异比例，要融入多少苗瑶族群的人口呢？

由于线粒体 DNA 是母系遗传，如果客家人从中原走出的女性有 1 000 人，其中 10% 的人有这种变异，就是 100 人。需要融入 500 个苗瑶族群的女性，她们有 500 乘以 40% 即 200 人有这种变异，这样整个融合的族群就是 1 500 人中有

300 人是含有变异的，刚好是 20%。上面的计算意味着，客家人女性先民中，有大约 33% 的女性先民是来自苗瑶族群的。

实际上，考虑到畲族女性中这种变异比例只有 15%，比 20% 还要低，畲族先民与南迁而来的客家人先民有明显的族群融合，我们可以猜测，客家人先民的母系遗传比例中，来自非中原汉人群体的女性可能会占到一半左右，甚至更高。

更广泛的客家人群体的基因研究证实了这个猜测的比例。从线粒体 DNA 的基因型看，梅州和长汀客家族群中拥有南方地区一些基因型的比例在 60% 左右，在河源客家族群中这个比例也超过了 50%。相对于其他几个客家族群，河源客家族群与北方汉族群体的遗传关系更近一些。更有趣的是，不同的客家族群的母系基因型存在着差别，也就是说，虽然客家族群都吸纳了很多南方地区族群的女性，但是不同客家族群吸纳的南方族群女性也不一样，这可能是因为不同客家族群面对的南方其他族群是不同的。

客家人虽然数以千万计，但相对于今天南方地区的汉族人口来说，仍然是少数。通过客家族群基因发现的那些规律，同样适用于更广大的南方地区汉族群体。通过北方汉族群体和南方汉族群体的基因对比，分子生物学家发现，整体上南方汉族的父系结构与母系结构不太一样。从 Y 染色体基因或者说父系上看，南方汉族男性与北方汉族男性的分化并不明显，南方汉族的男性主体上应该是北方汉族男性祖先南迁而形成的。从线粒体 DNA 或者说母系上看，南方汉族女性与北方汉族女性的分化很大，南方汉族的女性中，来自南方其他族群的女性基因比继承自北方汉族女性祖先的基因更多一些。

打个不太确切的比方，今天的北方汉族群体和南方汉族群体，有点儿像“同父异母”的兄弟。对大部分人来说，他们的“父亲”（父系祖先）是相同的，即北方汉人男性；他们的“母亲”（母系祖先）是不同的，北方汉族群体是北方汉人女性祖先的后代，南方汉族群体大部分是南方非汉人族群女性祖先的后代。

现在，我们可以大体上描绘汉人南迁的故事梗概了。中国历史上，从北向南有三次很大的移民潮，即西晋灭亡前后时期、唐朝安史之乱时期以及辽金侵宋时期。在几次政局动荡过程中，一批又一批的汉人族群被迫向南迁徙避祸。由于前路艰难，前途未卜，汉人族群的南迁以男性为主，毕竟在古代社会，男性是强壮的劳动力、战斗力。汉人南下后，在与南方族群的互动过程中，把很多对方的女性纳入自己的社会。这个过程也许是通过族群之间的联姻或通过族群战争抢夺人口实现的。面对在人口数量和技术水平上落后于自己的南方族群，南迁的汉人族群终于打开了自己的一片片新天地，最终反客为主，变成了南方地区最大的族群。汉人男性则尽力延续了很多北方的族群文化，在族群基因交融的同时，相对维持了北方的文化传统，或者说文化基因。

只是如果我们强调基因细节的话，那么南方汉人族群中的男性的确是“客”，这些族群中的女性大部分其实是“主”，南方土生土长的主人。

藏彝走廊：翻越山海遇到谁

古代汉人既不是唯一居住于北方地区的族群，也不是唯一南迁的族群。正如上一章涉及的，氐羌族群的一部分走向了高原，成为今日藏族的祖先；另一部分则从西北地区南下，成为今天云南很多民族的祖先之一。

以语言来划分人群的话，氐羌族群是今天庞大的藏缅语系族群的重要祖先之一。藏缅语系族群属于汉藏语系这个语言大类，包含 300 多种语言的群体。今天，说藏缅语的人群广泛分布于东亚、南亚和东南亚，覆盖了中国、尼泊尔、不丹、印度、巴基斯坦、孟加拉国、泰国、越南、缅甸和老挝等国家。在中国境内，藏缅语系族群主要分布在青海、西藏、四川、云南和湖南等省份。如果按照现代民族的划分，藏缅语系族群包括藏族、阿昌族、怒族、独龙族、门巴族、珞巴族、彝族、白族、土家族、哈尼族、傈僳族、拉祜族、纳西族、景颇族、基诺族、羌族和普米族等各民族，总人口超过 2 000 万。

氐羌族群的大规模西走南下，在春秋时期就开始了，其标志性事件可能要算秦穆公的“称霸西戎”。

秦穆公任好是春秋五霸之一，他把自己的女儿嫁给了晋文公重耳，我们前面提到的另一位春秋霸主。可是，在秦穆公的时代，任好的女婿重耳把晋国治理得很强大，秦国被晋国死死地挡在函谷关、崤山以西，向东半步都困难。秦穆公不得已向西发展，消灭了很多戎人部落。连周天子都惊讶于秦国西进的胜利，赏赐秦穆公以金鼓，鼓励他在扩张周朝影响力方面的巨大贡献。不过，如果当时的周天子知道后来灭亡东周的正是强大起来的秦国，该做何感想呢？

秦穆公向西扩地千里，对于原本生活在那里的氐羌部落却是一场灾难。这些从事游牧、畜牧的部落迁徙性很强，为了躲避秦国的兵锋，开始四散奔逃。大批藏缅语系族群的氐羌先民沿着所谓的藏彝走廊南下到四川、云南等地。地理上的藏彝走廊“北连甘青黄土高原，南接云贵高原”。

基因研究发现，藏缅语系族群的南迁与以客家人为代表的汉人南迁的模式很像。南方藏缅语系族群的 Y 染色体基因与北方人群非常接近，这说明从父系的角度讲，南方藏缅语系族群的确来自北方地区。藏缅语系族群的线粒体 DNA 却与南方人群、北方人群都有很大的差别，是南方人群与北方人群的混合。从母系的角度讲，南方藏缅语系族群的女性祖先既有北方人群，也有南方人群。

不过，与汉人南迁不同的是，藏缅语系族群的南迁形成了许多族群，这可能是因为氐羌族群原本就很庞杂，不同部落之间在语言和文化上都有鲜明的差别，或者说，他们还没有完成族群的克里奥尔化，形成相对一致的语言和文化。所以，不同的部落分别南迁后，他们的文化面貌并不相同，最终演化成不同的族群。此外，相对来说，南迁的汉人群体在面对南方当地部落时有着较大的人口和技术优势，而南迁的藏缅语系族群在面对南方当地部落时，这种优势并不大，因此会受到南方部落较强的影响，不同的藏缅语系族群产生分化。

比如今天的彝族，从基因上看，不同地区的彝族群体差别是很大的，他们在语言、文化方面也有很多的分支。再如纳西族，不论是父系基因型还是母系基因型，都混合了相当多的南方人群基因，这说明纳西族祖先在南迁时，与南方当地部落有更多的通婚交融。

南迁藏缅语系族群混合南方人群基因的比例，还与他们的祖先进入南方的时间和周边部落的情况有关。

从历史上看，云南南部的哈尼族、拉祜族、基诺族以及湖南的土家族等藏缅语系族群，他们的祖先可能更早进入南方地区，而云南西北的傈僳族、怒族、普米族的祖先南迁比较晚。正好基因对比表明，云南南部和湖南的藏缅语系族群有比较高的南方人群基因比例，而云南西北的藏缅语系族群的南方人群基因比例较低。基因学与历史学很好地吻合在了一起。

更为有趣的是，从线粒体 DNA 上看，云南西北的藏缅语系族群更接近北方人群，而云南南部和湖南的藏缅语系族群更接近南方人群。这似乎暗示，氐羌族群在南迁的时候，最初可能是包括男性、女性在内的整个族群一同迁徙的，并不存在性别上的迁徙差别，迁徙队伍中男女比例接近。作为机动性很强的游牧和畜牧部落，氐羌族群的女性同样可以跟着大部队，赶着牛羊一起行进。相对来说，汉人这样的农耕族群在迁徙时，可能就存在性别上的迁徙差别，迁徙队伍中男多女少。

所以，比较晚近南迁的藏缅语系族群的母系基因来自北方人群的比例更高。随着与南方人群的长期融合，比较早南迁的藏缅语系族群的母系基因来自南方人群的比例越来越高。从婚配规律来说，女性更容易嫁入非本族群的社会中，流动性强，而男性要想融入非本族群的社会却很难，在族群间的流动性弱。这就造成了南迁藏缅语系族群在基因上也呈现出“南客女主”的面貌，只是过程与汉人南迁有所不同。

反过来讲，女性在各个族群间的流动性强，因此历史上也必然有很多藏缅语系族群的女性外嫁到南方当地族群中去，给当地族群的基因库中注入北方人群的基因。翻越一道道苍茫大山，蹚过一汪汪涟漪海子，藏缅语系族群的男女都遇到了自己的另一半。

千面百越

南方地区曾经是现代智人最早进入中国的区域，最晚在 3 万年前，我们的直系祖先就已经在南方的江河湖泊和崇山峻岭中栖居了。当农耕时代来临时，南方地区的先民最早驯化了水稻，猪和狗的驯化也主要是在南方地区进行的。当文化之光初照中华大地时，良渚文化如同一座高峰屹立在四五千年前的江浙地带。按照史家定义的“春秋五霸”的一个版本，继齐桓公、秦穆公和晋文公之后，第四霸主和第五霸主并非中原豪强，而是在南方江浙水乡崛起的吴王夫差和越王勾践。

所以，当古代汉人和氐羌族群开始南迁时，南方地区并不是中原史书中所描绘的蛮荒之地，而是有着自己一脉相承的悠久文化与漫长历史。比如南方地区的腹地湖南中部一带，一直流传着梅山文化，也就是蚩尤文化。相传这位与黄帝、炎帝上古大战的部落首领最终败退的地点就在那里的大熊山，炎黄的追兵赶到此处后，发现山岭险峻、野兽出没，恐怕中了埋伏，于是不再追杀蚩尤。按照古书的描绘，梅山地区生活着九黎、三苗以及他们的后裔。在两汉三国时期，湖南也有长沙蛮、武陵蛮活跃。

对南方地区不同历史时期、不同地区的各种族群来说，最具代表性的整体性族群名称，莫过于百越。百越族群最为有名的历史发生于越国，越王勾践卧薪尝胆击败了宿敌吴国，然后挥师北上，与中原齐、宋、晋、鲁会盟，成为春秋时期的最后一位霸主。

从历史上看，浙江、福建曾经是百越族群的政治中心，基因研究证实了史书的描述。在分子生物学家那里，百越族群有着自己独特的基因突变类型。根据突变基因在人群中的比例关系，他们发现，在现代汉族人群中，拥有百越突变基因最多的是上海人和浙江人，比例达到 1/4 左右。这显然是因为浙江曾经是越国的大本营，而很多现代上海人来自浙江。然后，比例由多到少依次是广东、安徽、湖北、辽宁、江苏、江西、湖南、河南……呈现出以浙江为中心，沿着海岸线附近扩散的特征。

据此我们可以猜测，在汉人南迁的过程中，南方地区拥有百越基因的一些族群融入了汉人社会，然后再随着汉人的走南闯北，走向了全国各地，特别是沿海地带。

但百越并非南方地区唯一的本地大族群，与之裂土分庭的另一个本地大族群是百濮。

从语言上看，百濮族群与南亚人群的关系密切。从地理上看，百濮族群也更多地分布在中国西南地区，靠近南亚。早在汉人族群和氐羌族群南下之前，百越与百濮就在南方比邻而居，两者之间必然发生融合的故事，虽然故事的剧情并不一定是以和平方式展开的。

从地理分布上看，百越更像是现代智人沿着海岸线北上时在东南沿海扎根的人群的后代，而百濮更像是现代智人沿着内陆北上时在西南的山川里居留的人群的后代。从现代智人迁徙路线来说，他们的确是分为沿海和内陆两条主线北上的。但是，我们要把这两条迁徙路线与百越、百濮族群的形成对应起来，跨度还是很大的，尤其是南方不同族群之间也有着复杂的交流和融合，就像北方汉人也是由来自四面八方的族群经过克里奥尔化后形成的那样。

也许我们能说的是，百越族群中可能更多地含有沿海迁徙的那批现代智人（“海岸暴走族”）的基因，而百濮族群中可能更多地含有内陆迁徙的那批现代智人的基因。

有一条线索值得深思，那就是在东北亚的一些现代人群中，居然也含有一些百越族群的基因。比如俄罗斯的布里亚特蒙古人中，竟然有30%以上带有源自百越的特殊基因，甚至日本人中也有少量比例的百越特殊基因存在。这当然不代表东北亚的一些人群以及一部分日本人是百越族群的后代，他们拥有共同的特殊基因，也许是因为他们都从现代智人中的“海岸暴走族”那里继承了相关基因，那批现代智人沿着海岸线抵达过日本，也抵达过东北亚。这条线索暗示我们，最初的百越族群有可能确实是“海岸暴走族”的后裔。

从历史、语言、文化等各方面分析，在南方地区的本地两强博弈中，百越更占上风。从基因表现上看，起源自百濮族群的那些人群中，较为强大的分支往往拥有更多百越族群的基因；相对弱势的分支，很少有或者没有百越族群的基因。比如一些东南亚地区的百濮族群的后裔分支，他们融入了不到10%的少量百越族群基因；像百濮族群后裔布朗族、佤族等分支，他们的人口规模较小，体内没有发现百越族群的基因。

另一条有趣的线索是，从语言上比较，百越族群和台湾少数民族的语言很接近，这暗示两者可能有着共同的祖先群体。

关于最早来到台湾的是什么人群，曾经有多种说法。第一种说法认为是2 000年前琉球古人南迁而来，第二种说法认为是来自东南亚群岛上的古人，第三种说法认为应该是来自中国大陆的南方古人。

如果我们考虑到3万年前“海岸暴走族”出色的迁徙能力，

说不定现代智人在进入中国境内的那段时期，他们就已经发现了台湾。只是这个猜测并没有考古学上的证据支持。好在台湾一些古代遗址中有古人遗骸出土，能够提取基因进行分析，现代台湾少数民族的基因也可以用于对比研究。根据基因的研究，上面那三种说法中，第三种说法也就是台湾古人来自中国南方的观点被证实了。

台湾的一些少数民族群体如邹人、雅美人和卑南人，都拥有一种特殊基因，这种基因广泛分布于中国大陆，包括几千年前的陶寺遗址中的古人体内，以及沿海地区的汉族群体、内陆地区的苗瑶群体，乃至西北地区的群体中。唯独在东南亚群体中没有发现这种基因。据估算，这种基因出现在距今 2.6 万年前的长江流域，应该是现代智人进入中国大陆后才突变产生的基因。这表明这部分台湾少数民族的祖先是从中国南方迁入台湾的，并不是直接从东南亚漂洋过海而来的。

今天的台湾少数民族中，很多都有和距今 1 800 年前台南遗址出土的古人相同的基因，而这种基因在中国大陆的分布频率更高，在东南亚则较低，这同样佐证了早在 1 800 年前的台湾古人就是其大陆祖先的后代，而且还不断繁衍，把自己的基因传给了今天的台湾少数民族。

1 800 年前甚至更早，正是百越族群在南方地区肆意攀登每一座山岭、走遍每一片山林的时代。古人向台湾的迁移应该有很多次，那些跨过台湾海峡的先民中，想必也会有百越族群成员的身影吧。

南国诗篇，铁血铸就

汉人族群和氐羌族群史诗般的南迁，用差不多千年的时光，彻底改变了古代中国经济、人口“北强南弱”的格局，到唐代后期，在北方遭受安史之乱的巨大打击时，南方在经济、人口方面已经不逊色于北方了。经历短暂的唐末五代的混乱，中华大地迎来宋朝，南方甚至已经开始领先于北方，不论是经济还是人口。比如根据北宋太平兴国五年（980 年）的统计，南方的户数为 387.4 万，已经达到全国总户数的 60%，实现了对北方的彻底反超，从此之后北方再也没能夺回人口的优势。

在战乱的威胁下，北方人口大量南迁，成为南方人口和经济快速增长的“第一推动力”。但是，如果南方本来就具备养活那么多人口的自然条件、增长潜力，为什么一定要等到一拨又一拨的北方族群南迁，才逐步实现了人口和经济的大发展呢？

学者们认为，答案在技术和物种上。北方农耕社会积累了先进的农耕技术和设备，这些技术和设备随着南迁人群被带到了南方，从而把南方原本的农耕潜力挖掘了出来。再加上宋朝时期从东南亚引入了高产的占城稻，优质的农作物品种让农民们如虎添翼。

这样的解释是比较合情合理的。只是如果我们从基因的线索重新审视南方崛起的现象，会有更加细节的甚至是稍有不同的解释。

学者们往往把万年以来人口的增长归因于农业的进步，但我们的基因不这么坚信。从全球人群的线粒体 DNA 的基因型数量看，世界人口的母系大扩张最早发生于距今 1.5 万年前或稍晚一点儿，但是肯定比最早的农业出现的时间早。

所以，农业起源的故事版本应该修改为，人类社会先是出现了较大幅的人口增长，在人口压力下，我们的祖先开启了农业，随着农业的进步，人口也不断增长。也就是说，首先出现的是一次人口增长，而不是农业。

为什么在 1.5 万年前人类出现了一次人口增长？我们前面曾经谈到，当时正处于冰期即将结束的日子，很多部落可能丧失了迁徙能力，他们只能固守原地自力更生。在过去狩猎采集的日子里，部落成员往往聚少离多，尤其是男性狩猎团队外出一次，也许要几天甚至更久才回来。正是因为冰期中他们被迫定居，较多的男男女女聚集在一起，男欢女爱引发了一次人口快速增长。

按理说，在女性人口快速增长的同时，男性人口也在快速增长。按照人类生育的自然规律，母亲们生男生女的比例大概是 106∶100，如果有 206 个新生儿降生，其中会有 106 个男孩、100 个女孩。男孩出生数量比女孩稍微多一点儿，这是因为在卵细胞受精过程中，携带 Y 染色体的精子比携带 X 染色体的精子稍占优势。

然而，Y 染色体基因研究让学者们大跌眼镜。从父系追踪全球人口增长，会发现世界各地的人群在距今 6 500—2 000 年前经历了明显的人口增长，人口规模增加了 10~100 倍。人类人口的男性快速增长期与女性快速增长期并不一致。

从基因型数量来看，亚洲地区女性人口急剧增长最早发生在距今 3.5 万—3.3 万年前，这个时间刚好是现代智人已经在南亚、东南亚扎根已久，准备向北进军东亚的时刻，反映了那个时期亚洲人口大爆炸。显然那个时候，男性人口也经历了急剧增长，但是并没有反映到基因型数量大增上。从人口增长率上看，女性人口增长率最高的时期出现在距今 11 000—9 000 年前，这与大冰期结束后全球温暖期到来以及农业已经开始发端是一致的。男性人口增长率最高的时期却是距今 3 300—1 500 年前。

既然男性、女性的人口增长应该是同步的，那么为什么基因显示却出现了不同步的现象呢？

我们不能只考虑出生率，还要考虑死亡率。

在狩猎采集时代，男性的死亡率是很高的。狩猎固然能够让男性展现他们的英雄气概，但是绝对没有什么浪漫气息，攻击性弱的猎物跑得飞快，攻击性强的猎物在生死存亡之际的反噬，足以让孔武有力的男性人类付出生命的代价。他们并不会每天都背着梅花鹿、野兔回家，自己的女人煮好了果蔬汤，在家门口等待英雄凯旋。狩猎采集时代的家庭主妇想得最多的事情，不是自己的男人今天打到了什么好吃的猎物，而是自己的男人今天能不能平安归来。

即使是农业时代开启很久，人类社会仍然高度依赖狩猎采集和畜牧经济来养活人口，男性的死亡率仍然远远超过女性的死亡率。这就是几万年来现代智人在地球上大扩张，而从基因上看，女性基因型增加了很多，但是男性基因型迟迟没有多少增加的原因。很多男性没等到把自己的基因型传递下去，就已经死去了。

距今 3 300—1 500 年前，情况发生了变化，男性基因型出现了大增，这代表着男性人口快速增长，当然也代表着女性人口同步快速增长。这个时间正是中华大地掀起南迁大潮，南方人口和经济快速上升的时代。除了农业技术越来越进步，农作物品种质量更好外，还有没有什么其他原因让南方崛起呢？

男性基因型大增，说明男性的死亡率大大降低了。农业技术的进步让男性更多地俯身躬耕于田野，而不是张弓搭箭于丛林，远离了狩猎活动，他们的死亡率自然就下降了。对中国南方地区来说，农业能够大发展、人口能够激增，还有一个因素不能不提，那就是铁器的使用。

对南方地区来说，开展古代农业最大的麻烦并不是平原少、农作物产量低，而是南方的气温和降水量非常适合植被生长，肆意蔓延的野树、野草、野花会迅速吞噬古代先民辛苦开辟的那一小块田地，让他们的庄稼难以生长。

人们习惯上把原始农业称作“刀耕火种”，通过焚烧丛林来开辟田地。这种方式其实只适合北方较为干燥的地区，在南方地区很难推广。在古代，把树林点着并不容易，潮湿环境中活着的树木水分很多，难以点燃。因此，古人必须先把树木砍倒，让它们死掉，水分蒸发后，才可以放火烧出一块田。

但是，在锋利的青铜刀斧和铁制刀斧发明之前，用石斧砍树有难以想象的困难。有人曾经在亚马孙雨林做实验，让原住民使用石斧砍树，结果砍倒一棵直径 1.2 米的大树，花费了 115 个小时，相当于每天 8 个小时连续砍了两星期。以这个速度在雨林中砍出一亩地，需要将近半年的时间。别忘了，半年时间足够长出很多新的灌木了。使用铁斧，原住民用 3 个小时就把大树砍倒了。如果要砍出一亩地，他只需要一个多星期就能完成工作。实际上，亚马孙人是在欧洲人把铁斧传输到美洲后，才开始了刀耕火种、定居生活的。在此之前，他们基本上依赖狩猎采集获得食物。

中国南方地区的情况是类似的。只有铁器技术普及后，南方地区的农田开垦才能迎来新的时代，铁器不仅可以用来开垦出田地，而且可以用于锋利的耕田工具的制造等。

冶铁术最早产生于西亚，对，又是西亚！具体的地点可能是在高加索山脉一带。历史上，西亚的赫梯人是确凿的铁器族群，他们也努力保守先进的技术秘密。随着 3 000 多年前赫梯帝国灭亡后，工匠四散，冶铁术迅速传向欧亚大陆各地，包括古代中国境内。新疆和甘肃都发现了 3 000 年以上的铁器。不过，铁器传入中原地区可能要到春秋时期了，很有可能也是通过草原之路输入的。到秦汉时期，聪明的中国先民发明了铸铁技术，从而青出于蓝而胜于蓝，使古代中国的冶铁术超越了当时的西方世界，直到工业时代来临之前一直领先全球。

正是在这样的技术背景下，北方汉人、氐羌人群不断南迁，用先进的工具开垦了南方的农田，刺激了南方的人口增长和经济崛起。不论是南方原来的主人百越、百濮人群，还是北方来的客人汉人、氐羌人群，生产方式和生产技术的改变，让他们的男性成员的死亡率都大大降低了。

也许有人会说，铁器技术也刺激了武器的进步，战斗中死亡的男性也增加了。这的确是事实，不过从基因型的变化看，战斗中死亡的数量显然影响有限，并没有阻挡男性死亡率下降以及粮食增产带来的人口大增长趋势。其实，在铁器时代之前，人群之间的杀戮也一直存在，阿尔卑斯山中发现的 4 000 年前的“奥兹冰人”，就是被同类杀害后冰封于山中的。

伴随铁器南下的还有语言与文化，族群的南迁不仅是生物基因的扩张，还是文化基因的扩张。南下族群的 Y 染色体与其语言的传播有着同步的现象，而线粒体 DNA 却与语言的传播没有明确的同步联系。这正是本章屡次强调的“男客女主”的迁徙模式造成的，语言和文化是不同族群男性固守的根脉，他们很难融入其他族群，而不同族群的女性却容易跨族群融合，同时也跨越了语言和文化的障碍。

所以，虽然我们把自己讲的语言说成“母语”，但从基因的角度看，我们的语言其实是“父语”，是一代代的父亲把语言传给了自己的孩子。壮阔的南迁史诗的字里行间，闪耀着父辈的坚守和母辈的包容。

小贴士

中国家犬的迁徙往事

在本书第三章中，我们已经了解，家犬起源于中国长江流域，最早的狗是作为肉食而被饲养的。那么，中国家犬是如何从长江流域扩张到整个东亚，甚至奔向更远处的呢？

中国学者对比了 26 例古代家犬线粒体基因数据，发现其中的 2/3 都属于一类单倍型，从长江流域一直分布到黄河流域的中上游，距今 7 000 年前的浙江田螺山遗址中的家犬即属于此类，这个遗址所在的区域很可能是这类古老家犬的诞生之地。基因分析表明，大概在距今 7 500 年前，中华大地上的家犬有一次明显的种群数量激增过程，这类家犬迅速占领了北方的黄河流域和南方的长江流域的广阔天地。狗的数量的增加和扩张，暗示了人的数量的增加和扩张，应该都是农业发展、粮食增加带来的结果。

此后，这类家犬又扩散到中国南方地区，甚至走向了东南亚的中南半岛、新几内亚岛、澳大利亚大陆以及太平洋的一些岛屿上，最远到达北太平洋的夏威夷群岛和南太平洋的新西兰南岛。这样的迁徙路线和我们在下一章谈到的南岛语系族群的扩张路线十分吻合，古人是带着心爱的家犬一起远足的。

距今 7 000—2 000 年前，中国的长江流域到黄河流域的广大区域，至少生活着 4 类单倍型的家犬，上面谈到的那种单倍型是最主要的类型。然而，今天却是另一种单倍型的家犬占据了绝大多数。也就是说，2 000 年来，中华大地上的家犬经历了一次“狗群更替”。

结合以客家人为代表的汉人群体的南迁历史，我们可以推测这次狗群更替的剧情。2 000 多年前的南方大地上，百越人、百濮人饲养着自古以来的那种主要类型的家犬，而北方地区的家犬在基因型比例上已经有了改变。然后，汉人族群以及藏羌族群带着自己北方的独特基因型家犬南下，他们的农业技术更加先进，因此有更多的粮食来喂养人口以及喂养家犬。最终，来自北方的家犬取代了南方的家犬，构成了南方地区新的主流狗群。在南方地区狗群更替之前，昔日的主流家犬已经扩张到了海外，所以今天中国的家犬基因型与东南亚、澳大利亚乃至太平洋岛屿上的家犬基因型有着明显的不同。

狗果然是人类的好朋友，两者结伴而行几千年。只是狗的迁徙与人的迁徙在性别上不太一样。那些以男性为主体南下的汉人群体在带着狗一起走时，可能并不会对狗的性别有明显的选择，因此南下的狗群中，可能雌性与雄性的比例是符合自然比例的。如果说今天南方地区人群的祖先是“男客女主”的，那么今天南方地区的狗群的祖先则应该是“雄客雌客”的，基本上都来自北方。

第八章

跨越沧海

驶向远方的基因之舟

复活节岛孤悬在南太平洋的碧波中，距离最近的有人居住的岛屿有 2 000 多千米，距离最近的大陆海岸线有 3 500 多千米。鸟瞰该岛，可以看出这个三角形的岛屿的三个角实际上是三个大火山喷发形成的，在大火山之间还分布着一些小火山口。复活节岛完全是火山喷发形成的岛屿。1722 年，荷兰航海家在西方复活节那天发现并登陆该岛，因此将其命名为复活节岛。当地原住民则对该岛有自己的称呼——拉帕努伊岛。拉帕努伊岛上矗立着巨大的石头人像，为这个岛屿添加了神秘的色彩，并被世人津津乐道。实际上，“拉帕努伊”的原住民语言含义就是“石像故乡”。

拉帕努伊岛上的原住民属于航海族群——波利尼西亚人，也有学者认为，在欧洲人发现该岛之前，曾经有美洲印第安人融入当地原住民之中。从语言学分类来说，岛民们属于南岛语系族群中的一员，南岛语系族群生活在分散于整个太平洋的大量岛屿上，他们说着相近的语言。在欧洲殖民扩张活动开始之前，南岛语系是世界上分布最广泛的语言。

波利尼西亚人、南岛语系族群源自何方？拉帕努伊岛原住民来自何方？他们与万里之遥的中国有没有一丝丝联系？这些问题最终都要靠基因研究来提供答案。

从婆娑宝岛到大洋孤屿

今天的南岛语系族群总人口达 2.5 亿，地理分布极其广阔，最东边抵达东南太平洋中的拉帕努伊岛，最西边生活在非洲东南部的马达加斯加岛，向南到达新西兰，向北则分布在中国台湾，他们的分布范围东西跨度超过了地球周长的一半。面对如此广布的海岛人群，他们的起源和迁徙历史吸引了各个领域的学者要一探究竟。

拉皮塔文化是大洋洲及太平洋地区新石器时代的一种史前文化，分布于南太平洋的美拉尼西亚群岛及波利尼西亚群岛的西部，活跃时期在距今 3 500 年前，这些古人会制造绘有复杂图案的陶器，以及用贝壳制作一些饰品。他们曾经驾着独木舟，勇闯整个太平洋。今天分布在太平洋海岛上的岛民们，很多都是拉皮塔人的后代。

拉皮塔人曾经在距今 3 000 年前抵达位于南太平洋西部的瓦努阿图，今天美拉尼西亚群岛中的一个岛国。过去的理论认为，拉皮塔人是从澳大利亚大陆、巴布亚新几内亚岛启航，向东迁徙到瓦努阿图和其他太平洋岛屿上的。后来，科学家从瓦努阿图的考古遗址中找到了古人遗骸，能够用于基因分析。他们对比了来自亚洲、大洋洲总计 80 多个族群近 800 人的 DNA 样本，结果发现，瓦努阿图古人的祖先与亚洲族群基因联系紧密，特别是与台湾族群的联系更近。基因研究一举推翻了瓦努阿图古人来自澳大利亚大陆的猜想，证明他们来自亚洲。

基因描绘的拉皮塔人航行路线是这样的：他们的祖先很可能从树影婆娑的台湾岛出发，跨过台湾岛与菲律宾群岛间的巴士海峡，进入菲律宾群岛，然后继续南航，到达了一个比较大的岛屿——新几内亚岛，这个大岛如今行政区划一分为二，东部属于巴布亚新几内亚，西部属于印度尼西亚。在拉皮塔先民来到这个太平洋第一大岛时，岛上已经生活着古巴布亚人，如今南太平洋的人口中，有 1/4 有着巴布亚人的基因。按说两个族群相遇，应该会发生基因融合现象。然而，奇怪的是，瓦努阿图古人基因中，几乎不含有任何巴布亚人基因。也就是说，那些从台湾岛一路南航而来的拉皮塔先民，并没有与岛上原住民发生什么情感关系，而是毫不留恋地从新几内亚岛北岸掠过，向东前往所罗门群岛，然后继续向广阔大洋中的岛屿迁徙。

学者们把以拉皮塔先民为代表的南岛语系族群的迁徙总结为"快车模式"，他们更像是一种海洋上的游牧族群，他们发现一个海岛，生活若干代，把上面容易获得的资源消耗得差不多时，就乘船离开，寻找下一个海岛，就好比草原上的游牧族群，从一片草原游走到另一片草原。他们并不习惯于像巴布亚人那样从事定居农业，因此，生活方式和文化的差异，让两者没有发生什么浪漫故事，没有基因交流。

有趣的是，另一项基因研究对拉皮塔先民的起源地问题给出了更为复杂的答案。这项研究的对象不是人的基因，而是猪的。

考古学家发现，拉皮塔先民虽然是航海族群，但同时也是擅长养猪的族群。人们可能会简单地认为，海洋中到处都有鱼，只要擅长捕鱼，就不会缺少肉食。其实并非如此，正如大陆上很多地方并没有野兽供猎人们狩猎一样，海洋里也有很多地方并没有鱼类生活，或者鱼类资源十分缺乏。鱼类在海洋中的迁徙有相对固定的路线，有特定的生活区域，在路线与区域之外的海域，就如同大陆上的荒漠一样贫瘠。遇到这样的海域，拉皮塔先民的养猪技能就无比重要了，能够给他们补充食物，特别是珍贵的肉类营养。

而且，由于猪不会游泳，猪的太平洋之旅与人的太平洋之旅应当是重合的。科学家从太平洋不同区域采集了现代野猪的基因，许多岛屿上的野猪其实是跑掉的家猪的后裔。他们还采集了亚洲大陆上的一些野猪基因，以及博物馆中古代野猪牙齿上的基因。结果很神奇，所有这些地方的野猪都与越南的一种野猪有亲缘关系，这说明越南野猪是所有太平洋地区野猪的共同祖先。

野猪的基因是否证明了，拉皮塔先民最早的扬帆之地并不是中国台湾，而是越南呢？

几千年的太平洋岛民航海迁徙历史可能非常复杂。在距今四五千年前，由于航海技术的进步，可能有很多批航海人群都在尝试着向太平洋深处远航，寻找适合生活的海岛。这些人群中，有些运气很好，不断地找到合适的海岛定居，最终把基因传递给了现代岛民；另一些人群可能运气不好，在变幻莫测的海洋气候中彻底迷失，全部灭亡了，并没有把基因传递给现代人。猪的遭遇与人类似，但是有些时候，即使岛民们离开了，或者全部灭亡了，说不定也会有跑到野外的猪存活下来，或者被后来更为成功的人群再次发现并捕获，它们的基因重新回到太平洋“岛猪”的大家庭里。

猪的基因研究还揭示，它们在东南亚和大洋洲的扩散似乎分成了两个区域：一个区域以新几内亚岛为中心，那里的猪可能是从事农业的古巴布亚人从东南亚带过去的；另一个区域分布在中国台湾、菲律宾和密克罗尼西亚的西部，那里的猪可能与拉皮塔人及其后裔波利尼西亚人的迁徙有关系。看上去，当拉皮塔先民掠过新几内亚岛时，他们没有带走岛民的基因，而是带走了岛民的猪。

这是什么情况？从事农业的古巴布亚人可能拥有很多数量的猪，远比在大海上流浪、打一枪换一个地方的拉皮塔人多。也许拉皮塔人垂涎古巴布亚人的猪群，或者通过商品交换得到了岛民养的猪，或者趁人不备抢了几头猪就乘船跑掉了。

所以，拉皮塔先民从中国台湾启航，而他们的猪从东南亚的越南出发，在太平洋的某个岛屿上，人与猪相遇并结伴而行。这个故事是合理的。

另一个支持南岛语系族群起源于中国台湾的证据来自语言研究。由于海岛与海岛之间的地理阻隔，南岛语系这个大语言王国里实际上包含多达 1 200 种分支，语言学家将其归类为 10 个语系，其中台湾少数民族中保留着其中的 9 个语系。正如基因多样性多的非洲是人类的起源地那样，语言多样性多的地方，一般来说也就是语系的起源地。因此，学者们一般认为，台湾可能是南岛语系族群的发源地，或者至少是重要发源地之一。

根据这个证据，那些在太平洋岛屿上穿着草裙翩翩起舞的波利尼西亚男男女女，与我们中国人有着共同的祖先，我们与他们是亲戚。

我们从南洋来，到南洋去

拉皮塔先民的迁徙历程告诉我们，中国与世界的族群交流是如此久远。那些从中国台湾扬帆远航的先民，只不过是以中国为起点走向世界的各个族群中的一支而已。

提起东南亚，中国人往往会想到“下南洋”这个词语。“南洋”是明清时期中国人对于东南亚地区的称谓，特别指菲律宾群岛、马来群岛、印度尼西亚诸岛以及中南半岛的沿海区域。明清时期中国人口暴增，南方地区人多地少，有大量的南方人远渡重洋，到南洋去谋生和发财。

从现代智人迁徙路线看，他们先到了东南亚地区，稍事休整后，再北进东亚，进入中国。这些"海岸暴走族"构成了我们祖先中的大部分成员，我们基本上都是南洋先民的后代。

我们从南洋来，我们也到南洋去，"返程"的时间远比明清下南洋的时代悠久得多。

中国台湾只是南岛语系族群迁徙途中的一处中间站，他们的历史可以继续回溯到东亚大陆上。分子生物学家发现，南岛语系族群不仅与中国南方地区的侗傣语系族群在语言上接近，他们在 Y 染色体基因上也共享着特殊的突变基因。这种特殊的基因型最早出现在浙江的新石器时代的古人身上。另外，在福建发现的一具距今 8 400 年前的古人遗骸上，分子生物学家提取到了基因信息，发现他与东亚中部和南部的人群亲缘关系很近，与中国台湾的阿美人、泰雅人的亲缘关系最近，而与东南亚各人群的关系较远。

多项基因对比和基因突变速率的研究发现，南岛语系族群的祖先应该生活在中国的江浙一带，然后从距今 5 900 年前开始较大规模地向南方的陆地和海洋迁移。

这些先民分化出了很多人群。比如在华南地区逐渐演化成侗傣语系族群，其中的一部分侗傣语系族群向东跨海，迁入了台湾，经过一段时间的演化后，南下菲律宾群岛和印度尼西亚诸岛的东部，形成了前面谈到的拉皮塔文化，然后继续扩散到太平洋深处；另一部分侗傣语系族群沿着大陆南下，进入中南半岛，再进入印度尼西亚诸岛的西部，形成了马来人群。在距今 2 300 年前左右，马来人群向东渗透到新几内亚岛，与古巴布亚人发生基因交流，然后也向太平洋深处扩散。

整个南海就好比欧洲与非洲之间的地中海，南下的侗傣语系族群或者叫作南岛语系族群沿着南海的东西两侧自北向南扩散，把南海及其周边变成了亚洲的“地中海文明圈”。

基因告诉我们，距今五六千年前，中国江浙一带的古代人群有成规模地向华南以及东南亚的迁徙趋势。为什么会在那个时间、那个地点发生那样的迁徙？

在那个时期，北方的汉人族群还没有展开南迁之旅，因此南岛语系族群的祖先并不是在外族压迫下远走的。可能的解释是，当时正处于农业社会初现兴盛的时代，北方的粟、黍以及南方的水稻都基本完成了驯化过程，可以给中华大地的农民们提供更多的粮食。于是，很多适宜农耕的区域都出现了人口的较快增长，比如江浙地区就是水稻重要的早期驯化地之一，也是南方地区远古文化较为发达的区域。所以，这次孕育了南岛语系族群的大迁徙可能是人口增长驱动的事件。

这个猜测得到了来自水牛的支持。前面章节我们介绍了黄牛起源于西亚和印度，在距今 4 500 年前，黄河流域已经广泛分布有黄牛了。水牛则是中国南方地区的重要家畜，是耕种水田的主要畜力，在稻作文化的发展中起到了关键性的作用。

水牛可以分成沼泽型水牛和江河型水牛两大类，前者现在主要分布在中国南方和东南亚，后者主要分布在南亚和地中海地区。所以，对中国人来说，日常生活中接触到的基本上都是沼泽型水牛。

沼泽型水牛和江河型水牛野生种类分化的时间要追溯到几十万年前，至少在现代智人走出非洲之前。具体到沼泽型水牛的驯化时间，基因显示在距今7 000—3 000年前，最初的驯化可能是在中国长江中下游地区。然后，驯化水牛沿着两条路线扩散，一条是逆长江向上游走，另一条是向南走。在迁徙的过程中，4 100年前在长江上游，3 300年前在中国西南地区到东南亚北部一带，发生了若干次驯化过程，而且在3 300年前，沼泽型水牛出现了大规模扩张现象。

从沼泽型水牛的驯化地点、时间以及扩散路线看，与水稻在中国南方地区的驯化以及扩散路线比较吻合，都是在长江下游得到驯化，然后向南方扩张。所以，在迁徙的路上，南岛语系族群的祖先们带着水稻种子、赶着水牛，从江南走向了华南、西南，走向了南洋。

当然，南岛语系族群南下的过程，并不是向荒无人烟的处女地的殖民，而是在外漂泊几万年的游子的“寻根之旅”，追溯南岛语系族群的祖先的祖先，他们是几万年前来自东南亚的“海岸暴走族”。因此，南岛语系族群回到东南亚，遇到的是一批长期居留在东南亚的“亲戚”，“海岸暴走族”的另一些后代。寻根的游子们可谓是“衣锦还乡”，他们给东南亚带来了珍贵的农作物——驯化水稻，以及身强力壮的好帮手——水牛，很可能还有好吃的家畜朋友们——猪、狗，说不定还有家禽之一——鸡。

关于鸡的起源，在此我们要多介绍几句。西方人在圣诞节吃的火鸡起源于美洲大陆，我们姑且不论。普通家鸡是从自然界的红原鸡驯化而来的，对其起源地仍存在争论。考古发现，在距今3 300年前的殷墟里就出土了鸡骨头，通过形态分析，证明属于家鸡。殷墟甲骨文中“鸡”和“雉”两个字的写法已经区分开，前者应该是指家鸡，用来食用和祭祀；后者应该是指捕获的野鸡。中国境内最早的可靠家鸡骨骼则出土于内蒙古，年代在距今3 600年前。也有学者分析了大量家鸡的线粒体DNA样本，从中找出了中国北方家鸡共有的基因型，发现这种基因型在中原地区的多样性最高，说明该基因型可能在中原产生，然后扩散到北方地区，时间在距今2 500年前。有趣的是，《左传》中记载，昭公二十五年（公元前517年），季氏、郈氏斗鸡，这个时间和家鸡在北方地区扩散的时间很接近。

但是，相对于很多家畜家禽的驯化，这几个时间显然都太晚了，不太可能是家鸡最早的驯化时间。自然界的红原鸡主要生活在亚洲的东南部区域，北回归线以南的热带地区，所以它的最早驯化可能与猪类似，先是在南亚印度河流域驯化，然后扩散到东南亚，被现代智人从大陆上带到东亚，在这个过程中随着定居农业的发展又多次被驯化，品种最终定型。所以，当南岛语系族群衣锦还乡时，家鸡也衣锦还乡了。

从分布上看，南岛语系族群似乎更善于航海而不善于在内陆扎根，在东南亚的大陆区域，南岛语系族群分布十分有限，从语言和基因上看，主要融入了占族人群中。占族人群分布在越南的中南部，在历史上曾经建立过占婆王国，是东南亚地区古老文明的缔造者之一。占族人群的线粒体 DNA 表明，他们的母系是由南岛语系族群与东南亚本地人群——孟高棉人群融合形成的；从 Y 染色体分析看，他们的父系来源复杂，有来自马来群岛、中南半岛甚至南亚的基因。历史上的占婆王国信奉印度教，与南亚联系紧密，有些宗教和贸易人员来自南亚。

南岛语系族群没能深入东南亚内陆地区，他们的扩张脚步也许是被本地孟高棉人群的强大实力阻拦住了。

日本人祖先的大陆故乡

“海内存知己，天涯若比邻”，就在南岛语系族群把南海变成自家后院池塘的时候，中国北方的古人也掀起了跨海扩散的浪潮。

提起日本这个邻邦，中国人最常用的词汇就是“一衣带水”，意思是两个国家中间只有一条衣带那么窄的水相隔。从地理上讲，中国海岸线与日本海岸线之间隔着黄海、东海，大海并不狭窄，造成历史上两国民众往来多有不便。“一衣带水”更多地表达的是两国之间文化与思想上的亲近感。

当我们谈到古代两国之间的族群和基因交流时，“一衣带水”的比喻是非常贴切的。面对大海，古人的航海能力有限，好在他们能够“以时间换空间”，他们有数千年、数万年的时光，可以慢慢探索，把宽阔的黄海、东海化作一衣带水。

古代日本列岛上的族群，几乎必然来自今日中国的版图。这是因为首先，日本列岛的东方和南方，是浩瀚无垠的太平洋，而西北方向的朝鲜半岛和东方的山东半岛距离日本近得多，朝鲜半岛的北方正是今日中国的东北地区；其次是现代智人走出非洲的旅程是自西向东、自南向北挺进的，先要经过中国境内，然后再跨海奔向日本列岛。

一谈到日本人的祖先起源，中国人往往会想到“徐福东渡”的传说。秦始皇派遣徐福带着童男童女入海，寻求长生不老药。刚好日本在公元前 3—前 2 世纪在族群上发生了一次巨变，于是人们把这两件事联系在一起，认为徐福东渡给日本带去了中国的文化甚至中国的族群，改变了当时原始状态的日本。

不过，从现代智人的扩散角度看，中国与日本的族群联系远比秦始皇的时代久远。

几万年前，那些从东南亚来到中国东南沿海的“海岸暴走族”并没有停下扩散的脚步，而是一路向北。在今天朝鲜半岛和日本九州岛之间，有一条宽 40 多千米的对马海峡，海深只有数十米，在大冰期中，海平面比现在下降了很多，海底大片裸露，海峡变窄，当时的对马海峡对具有一定航海能力的古人类来说根本不是阻碍。“海岸暴走族”很可能抵达了朝鲜半岛和日本列岛。他们应该算是远古时代从中国到日本的第一批人群吧。

从出土的石器看，日本列岛上距今3万年前就已经有人类生活了。石器的类型主要是一些用于狩猎的工具。那个时期，正是山顶洞人在周口店龙骨山活动的日子。我们可以猜测一下，这些日本早期古人类可能是在冰河时代迁移过来的“草原狩猎族”，他们与山顶洞人的基因关系可能是比较近的，可惜科学家没能发现这些古人类的遗骸，无法使用基因手段来判断。

日本境内最早的古人类遗骸发现于琉球群岛，该人群生活的年代距今有1.8万年了，可惜这一人群同样没有基因分析，只能从骨骼形态上进行比较。考虑到琉球群岛地处亚热带，孤悬在日本本州岛以南至少300千米的大海中，在冰河时代琉球群岛与九州岛应该没有陆桥联系，地理阻隔严重，这批最早的古琉球人可能是“海岸暴走族”的后裔，他们是从东南亚经中国东南沿海而来的。

大概在距今16 000年前，地球还处于末次冰期的时代，日本列岛上迎来了一拨新的古代人群。这拨古代人群以狩猎、捕鱼、采集为生，并能够制造草绳样花纹的陶器，因此被称为绳纹人，他们的文化则被称为绳纹文化。

这些绳纹人是从哪里来的呢?

绳纹文化从距今16 000年前一直延续到距今约2 300年前，时间跨度长达万年以上，从古人类的狩猎采集时代过渡到了农耕时代。按理说，在这段漫长的时光中，日本列岛与邻近大陆的人群交流可能不止发生过一次。但是，观察绳纹人的生活方式，他们似乎一直没有获得农耕技术和合适的农作物，虽然看起来他们也曾经尝试着驯化野生植物，但是没有什么实质性的进展。

可以想见，绳纹人迁入日本列岛后不久，末次冰期结束，春回大地、万物复苏，连接日本列岛与朝鲜半岛的陆桥消失了。气候变暖的有利之处在于，日本列岛变得更加生机勃勃，适宜生存；不利之处在于，绳纹人所处的岛屿与大陆分离了，变成了大号的塔岛，绳纹人面临着塔岛技术悲剧的威胁，没有外来基因融入，也没有外来技术输入。

他们的命运会越来越糟糕吗？

还是让我们来看看绳纹人的基因吧。日本科学家曾经在北海道发现一具绳纹时代女性的遗骸。根据碳十四测年，她在距今 3 960—3 550 年前这个时间段去世，最有可能属于 3 800 年前的人类。科学家从她的臼齿中提取了 DNA 进行分析，发现她拥有一种特殊的基因，这种基因能够帮助消化高脂肪的食物。今天北极地区人群中有 70% 的人拥有这种基因。这并不是说这位北海道女性来自北极人群，而是说她与今天的北极人群有共同祖先。至少从这种基因来看，这位绳纹时代的女性应该来自亚洲的北部地区，她与今天生活在俄罗斯东部的原住民人群血缘相近。

这位女性的基因还表明，以她为代表的绳纹人群的祖先在距今 3.8 万—1.8 万年前与亚洲其他人群分道扬镳，独立进化了。所以，很可能就是在那个分离的时期，这批绳纹人群的祖先通过朝鲜半岛迁入了日本列岛。

在日本福岛也发现了两具绳纹时代的古人遗骸，通过对从他们牙齿中提取的DNA进行分析，科学家发现这批绳纹人群与东亚和东南亚的人群都存在很大的基因差异。现代日本人中，与这批绳纹人群亲缘关系最近的是阿伊努人，其次是琉球人，再次是东京周边的日本人。

这个发现也许说明，绳纹人群在日本列岛相对封闭的环境中是独立进化的，与大陆人群之间几乎没有基因交流，于是逐渐积累了很大的基因差异。

对于现代日本人Y染色体基因的研究，支持了这个猜测。学者们从300多个日本人体内提取了Y染色体基因，然后与东亚其他国家的男性Y染色体进行比较，发现所有日本人都有一组非常独特的基因，而这种基因应该是从绳纹人群遗传而来的。

日本绳纹时代的晚期，也就是中国历史上的战国时期，当时东亚地区正处于寒冷气候的笼罩下，当时的绳纹人群的人口急剧下降。学者们对拥有绳纹人独特Y染色体基因的人们的基因突变速率进行了计算，从而反推古代的人口数量。结果表明，在距今3 200—2 000年前，绳纹人群的人口从高峰时期的约26万减少到8万。虽然比起岛上的几千人原住民的规模，日本列岛上的绳纹人群规模还算好，但是如果情况不发生变化，绳纹人群的未来不容乐观，他们仍然会缓缓滑入塔岛技术悲剧的陷阱里。

气候变暖对于绳纹人群是“双刃剑”，气候变冷也是。就在绳纹人群苦苦挣扎的时候，突然之间，一群意气风发的“新”人类穿过陆桥赶来了。

人们很早就发现，古代日本在公元前3世纪发生了一次巨变，出现了新的陶器风格，青铜器、铁器突然出现了，并且人们开始种植水稻。由于代表这个“新”时代特征的陶器首先发现于东京一个叫作弥生町的地方，所以学者把这批新闯入日本列岛的人群称为“弥生人”，称呼其文化为“弥生文化”。

即使从体型和牙齿上，人们也能够明显感觉到，新来的弥生人与古老的绳纹人是不同的。弥生人的身材比绳纹人高大，从头骨看，两者相貌也有所不同。牙齿形态上，绳纹人以巽他型牙齿为主，而弥生人则是中国型牙齿。本书第二章曾经介绍，巽他型牙齿出现得早，沿着东亚的海岸线扩散；中国型牙齿出现得晚，在东亚、亚洲北部内陆扩散。

从基因上分析，现代日本的主体族群——大和人的基因中，有12%左右来自古代的绳纹人，大部分基因来自古代弥生人。与大陆上的人群进行对比，会发现现代日本大和人群与中国北方汉族人群、一些北方少数民族人群基因较为接近。这些基因上的研究表明，弥生人的确是从亚洲北部、中国东北地区通过朝鲜半岛进入日本列岛的。

弥生人迁入日本列岛的时期，正是古代中国的一段激烈动荡时期，即从战国时期到秦末汉初。比如战国时期燕国曾经向东北方向扩张，挤压了原本生活在那里的各个部落，这些部落四散，有一部分就进入朝鲜半岛；秦灭六国时期，齐国作为东方大国，受到了很大的冲击，也有大量人口逃难；此后秦末动荡，《三国志》曾经记载，“陈胜等起，天下叛秦，燕、齐、赵民避地朝鲜数万口”。

相对于古老的绳纹人，弥生人在武器技术和生产技术乃至农作物方面，都占据很大的优势，很快就反客为主，在人口规模上超过了绳纹人。一部分绳纹人被弥生人吸纳进自己的社会中，还有一部分绳纹人且战且退，向北方寒冷的北海道岛方向遁走。

不过，也有学者提出，弥生人是种植水稻的人群，而水稻是中国南方地区的特产，所以弥生人的源头也许不在中国北方，而是在中国南方。特别是对于日本特有的两种水稻的基因研究发现，其中一种水稻并没有经过朝鲜半岛传播，因此只能是通过其他路径进入日本的。也许有长江流域的中国古人携带着水稻直接跨海抵达了日本列岛，说不定弥生人的祖先是中国南方地区的古人。

这种可能性是存在的，不过综合来看，弥生人来自北方的概率更大。

比如，在弥生时代早期，日本出现了小麦这种重要农作物，而在同一时期，中国的长江流域还没有种植小麦，因此小麦只能是从中国北方地区输入日本的。可是，当时水稻在中国的分布却比小麦更广泛。我们已经知道，水稻在距今六七千年前就已经在黄河下游地区得到种植了，在小麦输入前，水稻是北方农作物三强之一。山东地区地处黄河下游，在历史上也长期种植水稻。日本农作物的输入路径，除了通过朝鲜半岛外，还可以从山东半岛输入过来。所以，日本水稻也许来自地处北方地区的山东区域，而非长江流域。进一步推论，也许有一部分弥生人是从山东半岛启程，跨海而来的。

有趣的是，动物学家发现，日本东北部地区的狗和老鼠是在绳纹时代或更早的时期从亚洲南部起源和引进的，而在弥生时代或更晚的时期，日本西部地区出现了来自亚洲北部的狗和老鼠。绳纹时代的狗和老鼠，也许是更早的古人类带来并留下的动物；弥生时代出现的狗和老鼠，显然是弥生人从亚洲北部带过来的。

更有利的证据来自韩国的基因证据。一项对 185 名彼此没有血缘关系的韩国人的基因研究发现，他们中 40% 的人具有来自中国中原地区人群的基因，这说明韩国人祖先中来自中国北方的人群占有相当大的比例。另外，在对马海峡靠近朝鲜半岛一侧的海岛上，出土了 25 具古人的骨骼，学者们提取了他们的 DNA。这些人生活的年代大概在距今 2 100 年前，基因显示他们与今天的韩国人、日本人关系密切。此外，这些古人还使用与弥生人类似的陶器。综合这些基因研究的蛛丝马迹，我们大体上可以认为，弥生人祖先大概率是从中国北方或亚洲北部出发，以朝鲜半岛为跳板迁入日本列岛的。

除了大和一族外，日本还有人口很少的两类人群——阿伊努人和琉球人。阿伊努人与绳纹人在基因上更为靠近，所以属于被弥生人驱赶到日本列岛北方的后裔，当然，在2 000年中，他们也会与弥生人发生一定的基因交流。琉球人与阿伊努人在基因上也较近，这说明琉球人也是绳纹人的后裔之一。不过，琉球人还与东南亚人群、台湾少数民族有相近的基因，这说明南岛语系族群在扩张的时候也影响到了琉球人。

所以，虽然水稻的输入略有疑云，但总体上看，弥生人的祖先应该是来自中国北方地区的古人。更古老的绳纹人也主要来自亚洲东北部，只是陷入“孤岛”上万年，独立进化了。今天的日本人是弥生人与绳纹人融合的后代，他们的祖先最大可能来自中国的北方地区、东北亚，来自一衣带水的邻近大陆。

古美洲人的亚洲血缘

“虽然亚洲与美洲是完全分离的，但是，中间只有一个狭窄的海峡；美洲印第安人与亚洲东部的居民之间相似的外貌使我们产生一个猜测，要么前者是后者的后裔，要么后者是前者的后裔……”

1787年，美国总统托马斯·杰斐逊在《弗吉尼亚州笔记》里表达了自己认为印第安人与亚洲人有血缘关系的观点。

杰斐逊的思考是合理的，美洲原住民不仅与亚洲东部人群有血缘关系，而且与中国古人类有确凿的血缘联系。

除了相貌特征相似外，人们很早就发现印第安人与西伯利亚原住民的文化也很相似。比如 20 世纪 50 年代，考古学家在美国新墨西哥地区的克洛维斯遗址发掘出大量文物，尤其是数以千计的尖锐石器——“克洛维斯矛尖”。很多石制矛尖残留在猛犸象尸骨里。在美国亚利桑那州的另一处遗址中，一头猛犸象尸骨上竟然插着 8 个克洛维斯矛尖。

印第安人并不是使用这种尖锐石器的唯一人群，实际上，西伯利亚古人使用着与克洛维斯矛尖几乎一模一样的尖锐石器，这种石器技术应该是从西伯利亚传入美洲大陆的。

碳十四测年发现，美洲的克洛维斯文化活跃在距今 1.1 万年前，而古人类迁入美洲大陆的时间可能还要早一些，目前估计可能在距今 1.5 万年前甚至更早，与绳纹人祖先迁入日本列岛的时代差不多，都在末次冰期的时代。寒冷的气候把地球上大量的水变成了冰，海平面大幅下降，于是杰斐逊描述的亚洲与美洲之间狭窄的海峡——白令海峡变成了一座陆桥，在距今 3.4 万—1.1 万年前，这座陆桥基本上一直保持畅通。西伯利亚古人类追逐猎物一路向东，无意之中走入了美洲大陆。

我们知道，现代智人中的“草原狩猎族”擅长捕猎，他们沿着欧亚草原带一路东进，穿过天山、阿尔泰山中的山口，进入中国境内，山顶洞人可能就是“草原狩猎族”的后代。可以想见，在广阔的西伯利亚草原和丛林中，长期生活着这些擅长狩猎的人群。那些继续追逐进入美洲大陆的猎人，就是“草原狩猎族”的后代。所以，从这个角度来说，进入美洲大陆的古人类与山顶洞人有着共同祖先；美洲大陆古人类的后代印第安人，也与今天很多中国人有着共同祖先，这一共同祖先就是“草原狩猎族”。

在亚洲北部贝加尔湖南部的一处远古遗址中，出土了距今1.4万年前的古人破碎牙齿样本，科学家成功地从牙齿上获取了古人的基因信息。分析发现，那里的古人与美洲原住民拥有共同的基因成分，这说明两类人群拥有共同的祖先。他们的共同祖先可能生活在亚洲北部，分布范围很广泛，其中的一部分跨过白令海峡成为美洲原住民的祖先。

仔细区分，美洲原住民的基因成分主要由两大古老人群基因组成，其中之一就是亚洲北部古人群，另一支则是古东北亚人群。这个距今1.4万年前的亚洲北部人群古人，与距今将近1万年前的东北亚人群的一个古人有共同的特殊基因，这说明亚洲北部古人群与古东北亚人群在狩猎采集活动中发生了较多的基因交流，使得进入美洲的那些分支人群携带了两类人群的基因。

根据在北美洲生活的原住民的基因分析，他们的祖先可以追溯到很少的一群人，总数一二十人，今天美洲大陆的绝大多数人都是他们的后代。当然，在1.5万年的时光中，很多早期古人类没有留下后代到今天。考虑到这个因素，分子生物学家认为，最初到达北美地区的古人类可能只有几十人到几百人。因此，美洲原住民的基因多样性是非常低的，远远比不上人群混杂的欧亚大陆的人群，更比不上现代智人的故乡——非洲大陆的人群。

人数虽少，但美洲先驱人类显然拥有坚强的意志和持续的勇气，支撑着他们跨过冰天雪地的白令海峡陆桥，那并不是一段很短的路程。当他们终于脱离了冰冻带，向南深入美洲腹地时，绵延不绝的北美大草原向这些勇士张开了热情的怀抱，草原上成群结队的野兽就像是行走的肉罐头，等着他们去大快朵颐。

手握从亚洲家乡带来的尖锐石器矛尖，最初的美洲古人类度过了日日盛宴的快乐时光。只用了 1 000 年的时间，他们就从北到南贯穿了美洲大陆。大陆上 3/4 的哺乳动物被他们杀死并吃掉了，其中就包括宝贵的马。

距今几百万年前的上新世，北美地区就生活着一种上新马，后来演化成真马。然后，真马从北美洲扩散到了南美洲，也通过白令海峡扩散到了欧亚大陆。是的，欧亚大陆的真马是从美洲大陆跑过来的。留在美洲大陆的真马在距今 10 000—8 000 年前灭绝了，这个时间正是古人类在美洲大陆大扩张的时代。所以，基本可以断定，美洲大陆的真马都是被印第安人的祖先捕猎并吃掉的，正如欧亚大陆古人类一开始也是把马作为食物来捕猎的那样。只不过欧亚大陆上的马并没有全部被吃光，而是挺到了农耕时代和游牧时代，被驯化成了人类的好帮手。15 世纪，西班牙殖民者带着战马进入美洲大陆，给美洲的几个文明古国致命一击。当时的美洲人并不知道，自己的祖先见过这种高大神奇的动物，只是把它们都吃掉了。

比马更惨的动物是猛犸象，马好歹在欧亚大陆幸存下来，迎来了自己扬眉吐气的战马时代，而不论是欧亚大陆上的猛犸象，还是美洲大陆上的猛犸象，最后的命运是一样的，它们被古人类全部杀死并吃掉了，彻底灭绝。

不过，猛犸象和真马在美洲大陆的消逝，那些闯入美洲的“草原狩猎族”后代并不是唯一要负责的古人类。他们很可能并不是美洲原住民的唯一祖先，甚至不是最早进入美洲大陆的古人类。最早进入美洲大陆的古人类，也许是现代智人中“海岸暴走族”的后代。

本书第二章介绍了学者把距今4万年前中国的田园洞人与今天美洲大陆的各个原住民人群进行基因比较，发现今天生活在南美洲的亚马孙人与田园洞人的遗传关系最近。这个发现说明，美洲原住民并不是一次迁徙形成的。在远古时期，有一支与田园洞人血缘关系很近的现代智人，他们迁入了美洲大陆，并扩散到了南美洲的亚马孙雨林里。美洲大陆其他原住民人群的祖先来自其他的迁徙事件，因此与田园洞人的血缘关系比较远。

而且，田园洞人可能并非亚马孙人祖先的唯一远亲。另一项基因研究搜集了9个巴西原住民人群的DNA信息，并与美洲以外的200个原住民人群的DNA进行了对比。结果令人惊讶，一些亚马孙原住民人群拥有2%的大洋洲原住民基因，这些南美丛林中的部落竟然与澳大利亚、新几内亚岛和印度洋里的安达曼群岛部落有基因上的相似性。我们知道，澳大利亚原住民是 7 万年前走出非洲的那批现代智人的后代，难道一两万年前，他们曾经从澳大利亚、新几内亚岛扬帆起航，跨过整个太平洋来到了南美洲？

考虑到澳大利亚原住民一直被困在澳大利亚大陆和少数几个岛屿上数万年，他们应该没有横跨太平洋的航海能力，亚马孙人体内的大洋洲原住民基因，只能是通过白令海峡的陆桥而来。我们可以据此猜测，既然澳大利亚原住民和田园洞人都属于“海岸暴走族”的后代，那么远古时代应该有一支“海岸暴走族”顺着海岸线挺进东亚，进而挺进亚洲北部，并跨过冰河时代的白令海峡，进入美洲大陆，继续不断前行，最终到达了南美洲的亚马孙雨林。这就是为什么亚马孙原住民人群体内会有田园洞人和澳大利亚原住民的基因，因为这些人群有一个航海能力和迁移能力出众的共同祖先——“海岸暴走族”。

显而易见，那些“海岸暴走族”的后代很早就进入了美洲大陆，甚至可能比“草原狩猎族”后代进入的时间还早，而且与后者类似，他们也曾经大量捕杀大型哺乳动物，因此也要为猛犸象的消失负一定的责任。

即便万年之中有若干次从亚洲大陆向美洲大陆的小规模人口迁移，哥伦布时代之前的美洲人仍是所有大洲中基因多样性最少的人群，他们的基因来自欧亚大陆基因库中分离出来的一小部分，虽然万年的美洲生活期间，他们也在进化，也在发生基因突变，改变自己的基因型，但与欧亚大陆的亲戚相比，他们的基因型同质化是非常严重的。

这就带来了一个十分严重的潜在威胁，那就是如果有一种疾病能够给美洲的一个部落带来严重的健康损害，那么这种疾病很可能会给整个美洲大陆的原住民带来损害，因为他们的基因型太相似了，一损俱损。后来的历史也正是这样演进的，哥伦布发现美洲后，欧洲殖民者带来了肆虐欧亚大陆很久的各种疾病，天花、麻疹、流感等疾病在美洲大陆疯狂传播，美洲原住民人口锐减。学者估计，1492—1650 年，美洲各种流行疾病反复发作，导致美洲人口损失了 50%~90%，不同学者的估算比例有所差别。欧洲殖民者能够迅速击溃美洲大陆上的阿兹特克帝国、印加帝国以及各玛雅城邦联盟，火枪和战马只能算是常规武器，欧亚大陆病菌才是大规模杀伤性武器、真正的大杀器。

所以，欧洲殖民者能够战胜美洲原住民政权的最大优势，并非技术优势，也非所谓的文化优越，而是他们体内的基因型。西班牙人、葡萄牙人体内的基因并不使他们比美洲原住民更聪明，大家都是现代智人，智商没有差别，而是使他们更容易抵抗病菌的侵害。

那些迁入美洲大陆的人群并非一去不回，他们也曾经通过白令海峡陆桥返回欧亚大陆，语言学家已经找到了西伯利亚中部原住民语言与北美原住民之间的语言相似之处，有些语言元素是从美洲先创造出来，然后传输回西伯利亚的。古人类的迁徙是毫无约束的，各个方向都是他们远行的目的地选项。那些又回到欧亚大陆的美洲先民，应该融入了当时的欧亚大陆人群之中。

不论是远隔重洋的复活节岛上的波利尼西亚人，还是相距半个地球的亚马孙雨林原住民，都与我们中国人有着基因上的些许联系。从基因上说，地球的确是一个大的“地球村”，地球上的所有人都是地球村的“村民”，我们彼此之间有着广泛的基因交流，这种联系与交融从古至今，及至未来。

小贴士

复活节岛番薯疑云

中国人对于番薯有很多称呼，比如红薯、甘薯、白薯、地瓜等。如此繁多的称呼暗示了番薯传播到中国的路径可能是复杂的。番薯的故乡在美洲，番薯在几千年前就得到了驯化。在大航海时代开启后，欧洲探险家把大量的美洲作物推广到全世界，其中就包括番薯。

18 世纪的欧洲学者在复活节岛发现了一个奇怪的现象，在欧洲航海家来到该岛之前几百年，岛上原住民就已经种植番薯作为粮食了。复活节岛上的番薯是谁带过来的呢？

学者们不禁猜测，古代有美洲居民携带着驯化的番薯跨海来到了复活节岛，很久以前这种高产作物就在岛上落地生根了。但是，美洲印第安人并不擅长航海，而且他们似乎对于航海也并不热衷。因此，还有另一个版本，复活节岛的岛民认为，自己的祖先曾经渡海到美洲大陆去，带回了珍贵的番薯作物。

不论是哪个版本，都表示在大航海时代之前，复活节岛与美洲大陆之间就曾经有人员往来，这就使学者们对于美洲人都是通过白令海峡而来的观点有所动摇了。

对番薯的基因研究，拨开了复活节岛上的番薯疑云。分子生物学家分析了近 200 份番薯的 DNA 样本，以及 30 多份番薯的野生亲缘种的样本。他们发现，与番薯亲缘关系最近的植物是大星牵牛，与牵牛花有点儿像。最迟在 80 万年前，番薯从大星牵牛物种起源了。复活节岛上种植的所谓波利尼西亚番薯品种，在距今 10 万年前就已经与美洲番薯品种分离了，也就是说，在现代智人还在非洲大陆内转悠的时候，番薯就已经走出美洲，传播到了南太平洋的岛屿上，并独立为新品种了。所以，复活节岛上的番薯并不是美洲印第安人带来的，也不是岛民祖先往返美洲带来的，而是大自然带来的。美洲的番薯种子可能是被飓风、洋流或者鸟类输送到了太平洋岛屿上，独立演化成波利尼西亚番薯。

18 世纪下半叶英国航海家詹姆斯·库克船长远航南太平洋时，随船携带的番薯其实是北美洲番薯品种，与南美洲的番薯品种不一样，今天太平洋诸岛上种植的番薯主要是欧洲人带来的北美洲番薯品种。

波利尼西亚番薯并不是大自然远程“快递”的唯一品种，生物学家发现，几百万年间，至少还有两种番薯属的品种跨越了浩瀚的太平洋，其中一种到达了夏威夷群岛，而另一种竟然通过波利尼西亚群岛跨越太平洋，再跨越印度洋，传播到了非洲东南的马达加斯加岛上。

复活节岛番薯的故事似乎讲完了，但语言学家又发难了。语言学家发现，波利尼西亚语中的“块茎”一词，发音上与南美安第斯山原住民的盖丘亚语的发音极为相似，这绝非巧合。

在古代，美洲大陆与复活节岛之间到底有没有过交流呢?

后　记

走出孤岛，四海一家

基因一路流动，从祖先到你我。

祖先的很多基因仍寄居我们的细胞中，每一代的祖先也会“制造”（突变）一些新的基因，人类的基因在传承，也在进化。长达百万年的祖先进化与迁徙历史，宛如一条条奔腾不息的基因之河，流过一年年春秋冬夏、东西南北。

倘若你问我：“我们的祖先是谁？”我会反问：“你问的是何时何地的祖先？”

祖先是由一代又一代的古人构成的，每一代祖先都生活在具体的时空中。站在基因的角度看待中国人的祖先繁衍与迁徙的历史，我们大致上可以用一种“祖先层序”的思维来把百万年以来的各代祖先划分为若干层次（见下一页图表）。

最远古的一层是第零祖先层，也就是直立人的时代。中华大地最早的直立人来自非洲，他们经由西亚、中亚一路而来。他们来到东亚的时候，可能已经步入直立人发展的后期了，而且他们很可能是从北方地区进入中国的，周口店北京人就是中国直立人的典型代

祖先层序

祖先层序	年　代	迁徙驱动力	扩张趋势
第四祖先层	4 000 年前至今	文明、文化	东西人群交互，北方人群南下
第三祖先层	10 000—4 000 年前	农业	农耕人群扩张
第二祖先层	1.9 万—1 万年前	渔猎采集	南方人群北上
萎缩期	2.65 万—1.9 万年前	严寒气候	人群向南方退缩
第一祖先层	5 万—2.65 万年前	渔猎采集	智人从南北两个方向进入东亚
第零祖先层	远古至 5 万年前	狩猎采集	直立人从西方进入东亚

表，甚至可能是最早的那批中国古人类之一。他们不是我们的直系祖先，但他们的到来本身就表示，即使在古人类石器技术如此落后的时代，他们也能够跨越亚洲大陆山重水复的地理阻隔。中华大地从有古人类的那一刻起，就与全世界建立了联系，只是联系有时如滔滔洪流，有时又细若游丝。

东亚的直立人时代，即是欧亚大陆东西方的基因与技术交流细若游丝的日子。东亚直立人群体仿佛陷入了一个巨大的孤岛中，与外界特别是欧亚非大陆的西部严重缺乏交流，几乎只能依靠最初带过来的粗糙石器技术，加以若干本土化技术改进，在几十万年中孤独地艰难生活，最终他们全部消失在历史的长河，他们的基因之河断流了。正是因为他们的基因没有留传给我们，所以我用“第零祖先层”来描述他们。

之后从距今 5 万年前起，东亚古人类进入第一祖先层，那是智人扩张的时代。东亚的智人扩张时代是从南方拉开序幕的，然后南方与北方的现代智人祖先联袂上演了跷跷板式的迁徙大戏，中华大地变得热闹起来。智人个体和群体的智慧赋予他们卓越的迁徙能力，不论是面对广阔的大海还是宏伟的山川，他们都有足够的技术和勇气去跨越阻隔，打破孤岛之魔咒。

在智人扩张时代，大陆上的地理阻隔已经失效，面对近乎空空荡荡的原野、丛林、山岭甚至近海岛屿，古老祖先的迁徙奏响了"填空模式"，智人的基因之河肆意漫流，冲向地球上每个适宜生存的角落。具体到中华大地上，他们或沿着海岸线暴走，从热带的南海海岸北进到温带的渤海湾，并深入陆地；或循着草原带的野兽脚印狩猎而来，从西到东席卷北方的山岗与平原……

严酷的盛冰期从距今 2.65 万年前一直持续到距今 1.9 万年前，这是我们古老祖先艰难的一段萎缩期。北方古老人群损失惨重，也许有少部分人群向南转移退却；南方古老人群则利用海平面降低带来的大陆与岛屿连成一片的有利条件，休养生息，养精蓄锐。

熬过了盛冰期后，第二祖先层掀开了，在南方蛰伏了数千年的祖先们抓住温暖间冰期的大好机会，挥动着长矛向北挺进，追逐繁盛的野生动物，采摘满山的野果野菜。第二祖先层的古人类迁徙方向，主要是自南向北的，他们的扩张过程反映到基因型上，就造成了今日南方人群基因型多于北方人群基因型的面貌。

从百万年前的第零祖先层到第一祖先层、第二祖先层，我们的祖先基本上以狩猎、采集、捕鱼为生，这样的谋生手段驱动着他们走南闯北。从距今 1 万年前开始，我们的祖先进入了第三祖先层，他们的谋生手段有了翻天覆地的变化——农耕时代来临了。

东亚的农耕时代绚丽且魔幻，不论南方还是北方，中华大地似乎被施加了丰饶的魔法，魔法棒点拨之处，各种农作物和驯化动物纷纷涌现。那高超的魔法师不是别人，正是我们智慧的祖先，第一批从事农业的祖先。他们在末次冰期“黎明前的黑暗”中对动植物驯化的各种尝试，在冰期结束后激发了改天换地的农业革命。

农耕时代也是人口暴增的时代，伴随着粮食产量激增，大地上的人口快速增长，中华大地上的人们第一次感受到了什么叫拥挤。一拨又一拨的人群带上小米、黄米或大米种子，赶着猪、狗、鸡、鸭，前往适合农耕的新天地，把东西南北广阔的大地变成农耕魔法的舞台。

农耕人口相对于狩猎采集人口在数量上具有压倒性优势，反映在基因型种类上也是压倒性优势。从基因扩张的角度讲，这个时代的人群迁徙主要是以“群体替代模式”展开的，尤其是农耕群体对于狩猎采集人群的替代，虽然彼此同属于现代智人之列。所以，农耕的传播意味着农耕人口基因的广泛传播和对少量的狩猎采集人群基因的吸收。

距今 4 000 年前以来的较为晚近的祖先们，可以统一归入第四祖先层，那是属于文化基因传播的时代。东亚的文化基因时代在文明的钟鼓礼乐声中翩翩而至。我们的祖先以中华大地丰厚的农耕社会为基底，海纳百川地接纳了来自大陆西方的各种物产与技术，尤其是对国家制度建立与维系至关重要的青铜技术、马车技术，然后再加以创新，终于奏响了中华大地独特的文明古国序曲。

文明的序曲并非中原地区的独奏，而是大江南北各个文明政权的合奏。每个政权固然是以某个族群为核心建立起来的，但在族群交融如此频繁和充分的环境中，真正区分不同政权的并非族群的生物基因，而是他们的文化基因。生物基因混杂的群体拥有近似的文化认同，从而构建了文化共同体——部族或宗族、政权或国家。他们之间的协调与竞争，已经不再只是生物基因的交流，而是文化基因的交流与碰撞。

在第四祖先层的早期，由于草原带西部接触一些重要技术的时间略早，率先崛起，因此生物基因和文化基因的流动、传输有自西向东的趋势。一旦东亚地区吸收了来自西方的文化元素，整合了内部之后，趋势就发生了逆转，以中原的秦汉王朝和东方草原的匈奴为代表的东亚古代帝国力量又开始自东向西扩张，把东亚人群的生物基因和文化基因输入了西北地区。

与此同时，北方地区的汉人群体及其他区域性的群体如南岛语系族群的祖先人群，以庞大的农业人口优势向四周扩散，尤其是向南方地区挺进，把本群体的生物基因和文化基因撒向南国，撒向东亚和东南亚的岛屿，甚至跨海扬帆至星辰之下的大洋深处。

以上便是对积累于历史长河中的祖先层序的粗线条回顾，是各个领域的学者们从祖先以及动植物基因中读出的“无字史记”的内容梗概。翻阅由基因写就的这本无字史记，中华大地上祖先的迁徙史跌宕起伏、波澜壮阔，我们这些后人能够从这本天成之作中得到什么启示呢?

首先，我们不是东亚细亚的孤儿，我们的祖先、我们的文明都是交融的产物。

虽然仍有部分学者坚持中国人祖先的本土起源或曰连续进化附带杂交，坚持中华文明的单纯的本土起源，但通过古代各个人群的基因比较，以及动植物基因的研究可以推断，中国人的祖先最初来自非洲，然后四面八方各个古代人群融合在一起，形成了中国人；中华文明既是我们的祖先立足东亚沃土辛勤耕耘、智慧创造的结晶，也是大量外界的物产、技术乃至各种思想输入东亚，落地生根结出的硕果。那些我们现代人所熟知的大洲之间的边界、国家之间的边界，都是迟至几百年以来的近代逐渐定型的人为界线，并不存在于古代人群迁徙的路途上。古代人群并不会用近代、现代的界线“画地为牢”，限制他们的基因交流和文化交流。

其次，基因趋于天下大同，文化迈向美美与共。

人口数量和人口密度是决定古代各个人群基因交流的关键因素。直立人时代人口稀少，部落规模也很小，很多部落会在自然环境波动中自生自灭，他们比周围的灵长类如猩猩、猴子群体强不了太多。因此，远距离的基因交流基本上是不存在的，散落在大陆各个角落的直立人大体上独立进化。认为各个大洲的直立人会迈着同样的进化步伐变成相同的现代智人的观点，不太可能是事实。

当现代智人走出非洲向全世界扩张时，人口数量比直立人时代明显更多了，迁徙能力卓越的智人一路上甚至与尼安德特人、丹尼索瓦人进行杂交，更不用说现代智人不同群体间的杂交了。当农耕传播时代来临时，相比之前的狩猎采集时代，人口数量有了几十倍甚至上百倍的增加。不同族群间的基因交流更为频繁，昔日因人烟稀少而相对独立进化的各个人群，此时彼此交换着自己的基因型，于是不同人群之间在基因型上逐渐你中有我、我中有你，假以时日，全世界的人类在基因上将趋于天下大同。虽然人群与人群之间仍然会有分野，但这种分野主要是各自文化基因的差异，而非生物基因的差别。

最后，基因属于生命科学，祖先属于文化情感，在认识祖先与自我的路途上，理智与情感都是需要的。

科学是理性、理智的，不论人们愿意接受也好，不愿意接受也罢，科学用证据说话，揭示出祖先的秘史。没有科学成果的支撑，我们连自己的祖先是谁都搞不清楚。对祖先最大的不敬，莫过于认错了自己的祖先是谁，所拜非本尊。要清楚地知晓我们的直系祖先是谁，生命科学是最重要的工具，那隐藏在细胞中的肉眼不可见的基因上，镌刻着祖先的生命信息，那些信息把我们与祖先之间的血脉真正联系了起来。

中国人自古以来就是非常尊敬祖先的人群，商周的甲骨文中包括大量祭祀祖先的内容。可以想见，在商周之前的很长时间里，中华大地上的人们就已经建立起了对于祖先的尊崇意识和祭拜仪式。这既是古人面对危险重重的外界提高族群凝聚力的有效方式，也是给身处凡世间的自我一个确定性的“锚”，能够让渺小的个体知晓自己在历史时空长河中所处的位置，获得自己作为个体的存在感和价值感。

中国乃至东亚文明圈悠久的祖先崇拜传统，源自古老的农耕聚落结构，是中国人独特的重要文化基因，区别于欧美古代文明圈流行的宗教传统。时至今日，对祖先的尊崇乃至祭拜，仍然是很多中国人重要的情感表达方式，是人们生活与生命中难以割舍的精神园地。

面对祖先，我们接受基因证据，我们也珍视精神传统。

但是，我们应该反对任何以基因之名打造的民族主义和民族歧视，那些论调并没有科学依据。

所有的地球人都是现代智人，有着 14 万年前的共同祖母——线粒体夏娃，有着 6 万年前的共同祖父——Y 染色体亚当。对今天的中国人来说，所有人的共同祖先不会早于 3 万年前。要追溯绝大多数中国人的共同祖先，也许只需要把时钟向过去回拨几千年就能成功找到。

也许有细心的读者会注意到，本书尽量避免使用白色人种、蒙古人种、雅利安人种、尼格罗人种这类有着种族味道甚至种族歧视味道的词，除非引用早期学者的观点的需要。因为这些词混淆了现代民族概念与古代人群称谓，它们往往是臆想出来的名词，并无基因科学的支持，对我们理解人类历史造成了干扰。本书在描述古代人群时，更多地用中性的大洲和大洲方位的地域名称来表示人群，比如“东亚人群”“草原带西部人群”。本书有时也会使用“氐羌族群”“藏缅语系族群”这类包含民族名称的词，这些词已被学者长期使用，它们要么是对古代人群的描述，不会引起古今混淆，要么是语言学的中性描述，不会引起种族歧视。

必须强调，今天我们所谈论的民族，是近代民族国家兴起后才出现的概念，是一种想象的共同体，是文化基因的产物。基因告诉我们，早在1万年前农耕时代来临时，生物基因意义上的族群界限就开始变得模糊，人群与人群之间的基因交流变得越来越频繁。以“民族”这个几百年前学者构想出来的文化概念来向远古反向推演，认为人类几万年的迁徙历史中，数以千计的族群之间有着明确的基因阻隔，族群之间有着本质的基因差别，进而判定族群与族群在智力、文化上有高低之分，这些观点是毫无科学基础的臆想。

例如历史上，汉人有自己的族群认同，匈奴人有自己的族群认同，羌人也有自己的族群认同，这种认同正是不同族群通过对各自祖先、神灵的界定和崇敬来强化的情感。这是历史形成的情感，并没有多大的基因依据。民族主义与族群情感之间的本质区别在于，前者宣扬对外歧视，后者追求自我欣赏。

族群内部的自我欣赏只要不滑向对外歧视，就无伤大雅、无可厚非。只是我们应当警惕这种自我欣赏的潜在危险——族群滑向塔岛技术悲剧。

在复活节岛的传说中，第一批移民中有一位建筑师努库·柯胡，他是移民中唯一会建造房屋的人，跟他学习的移民都没有掌握建筑精髓，特别是没有学会如何盖屋顶，于是在努库·柯胡死后，复活节岛上的房子很容易被大风吹掉屋顶。离开故乡驶向复活节岛的航行中，努库·柯胡没有带上他的妻子同行，到了复活节岛后，移民却无力再回到故乡。因此，每当日落的时候，建筑师努库·柯胡就很悲伤，因为太阳落下的位置，正是故乡和妻子所在的方向。

由于地理阻隔，复活节岛、塔岛、日本列岛、澳大利亚大陆乃至中华大地、美洲大陆，在远古时代都曾经一度形成塔岛技术悲剧，令深陷其中的古人类、古代族群生计艰难。站在21世纪科技如此发达的今天，我们丝毫不用担心自然界的地理阻隔会把中华大地与世界的其他部分再次分开。但我们要警惕，那些族群内部自我欣赏所形成的某些消极的文化基因，会在族群与族群之间制造新的阻隔。

比如，以独立自主产生的本土人群进化、本土文明起源为骄傲，以吸收外来人群基因和文化元素为耻辱，这种本族群"情感迷恋"是对纯正血统的迷信，是对自身文化的自大，在本族群、本国度与外部世界间人为制造障碍。

另一种让群体陷入封闭状态的文化基因是迷信丛林法则或曰黑暗丛林法则。这类法则的信徒们认定，他人就是地狱，别的文化和文明是自己必然的敌人，为了保护自己，要杜绝与其他文化、文明的接触。历史确实存在一定的丛林法则现象，比如汉朝、匈奴对于西北地区弱小文化的冲击、欧洲殖民者对于美洲原住民文明的伤害和瓦解。但人类迁徙历史浩荡的主流是彼此开放而非封闭，东亚直立人因被动的封闭而陷入石器技术停滞的境地，中原各文化因为主动的开放，吸纳了大量外来物产、技术乃至思想，站上了古代文明的舞台中央……随着农耕时代后人口增长和族群融合，黑暗丛林法则早已失效，因为越封闭，越落后，越无法阻挡打破封闭的力量。

一旦拒绝外界交流，每一个人就变成了孤岛，每一个族群、每一个国家都会变成孤岛。几万年来，人类通过生物基因的突变和扩张、文化基因的创造和交融，最终摆脱了个人的孤岛、族群的孤岛，避免了塔岛技术悲剧。我们需要拥抱那些让各个族群能够平等地走到一起的文化基因，抵制那些分裂各个族群，在各个族群间制造歧视链的文化基因。

本书动笔于2019年年末到2020年年初新冠肺炎疫情暴发的时期，疫情迫使各个国家彼此关闭了国境通道，各个社区限制了人员进出。一种病毒能够感染几乎所有国家的所有族群，这生动地验证了，全人类在生物基因上差异非常小，天南地北的族群早已有了充分的基因融合，只是这验证的方式过于苦难。

在疫情期间，世界各地的很多有识之士都呼吁全球合作，共同抗疫。被迫暂时隔离的人们通过互联网举办了诸如“同一个世界：共同宅家”（One World: Together at Home）免费音乐会一类的活动，为陷入困境的世界和个人投下希望的光亮；各国科学家也在共享着对于病毒本身和抗病毒药物研究的信息……这正是由祖先创造、历史传承的积极、开放的文化基因在发挥作用，我们都将受益于这样的文化基因打造的人文环境。

“四海一家”的信条，经由一代又一代祖先的传承，已经写入你我的生物基因里，让它也写入你我的文化基因中吧。

今天的人类已经登上了月球，还没有冲出地月系统。从这个角度看，我们仍然处于地月系统的孤岛上。正如百万年中人类祖先在地球表面的持续探索，人类向太空探索的脚步也从未停止，有朝一日，宇航员必将冲出地月系统，踏上火星和其他星球的表面，书写人类基因的扩张史记新章节，不输祖先曾有的勇气和英名。

那将是地球生命基因的荣光，那将是全体人类的荣光。